Erika Landau

Mut zur Begabung

2., überarbeitete u. erweiterte Auflage
11 Abbildungen und 3 Tabellen

Ernst Reinhardt Verlag München Basel

Dr. phil. *Erika Landau*, Israel, Tel Aviv 64686, Glitzenstein 3. Gründerin und Leiterin des „Institut zur Förderung der Wissenschaften und Künste für Kinder und Jugendliche“ an der Universität Tel Aviv. Psychotherapeutin in eigener Praxis und Supervisorin des Psychotherapeutischen Institutes der Medizinischen Fakultät der Universität Tel Aviv. Ihre Publikationen über Kreativität, Begabung, Spiel und Zukunftsforschung in Psychotherapie und Erziehung sind in acht Sprachen weltweit bekannt.

Titelphoto: Bilderdienst/Süddeutsche Zeitung,
E. J. Wodicka, Linz

CIP-Titelaufnahme der Deutschen Bibliothek

Landau, Erika:
Mut zur Begabung / Erika Landau. 2., überarb. u. erw. Auflage
München ; Basel : E. Reinhardt, 1999
ISBN 3-497-01484-2

Printed in Germany

Inhalt

Für Molly und Walter Bareiss,
die mich die Begabung
der Freundschaft gelehrt haben

Motto

Es war einmal ein neunjähriges Mädchen. Es spielte Klavier, und es spielte gut. Es hatte Freunde, obwohl es stundenlang Klavier übte, während seine Freunde sich im Hof mit Blindekuh und Verstecken vergnügten. Es hatte auch Freunde in der Musikschule. Eines Tages gab es einen Wettbewerb für junge Pianisten. Die Mutter des Mädchens war krank, der Vater auf Reisen. Die Mitschüler und die Mütter der Kinder waren sehr lieb zu dem Mädchen, vor und während des Wettbewerbs. Die Spannung war groß. Man rief den Namen des dritten Preisträgers aus, dann den zweiten Preis. Die Kinder schauten einander aufgeregt an, die Mütter streichelten ihre Kinder. Dann rief man den ersten Preis aus. Unser Mädchen stand auf, ging verwirrt auf das Podium und nahm den Preis entgegen. Es drehte sich um, sah ins Publikum und suchte ein Augenpaar, mit dem es seine Freude und Überraschung hätte teilen können, aber es fand keines. Die Freunde blickten zu Boden, die Mütter hatten plötzlich ganz schmale Lippen. Das Mädchen ging hinunter zu seinen Freunden, aber die standen in Grüppchen zusammen und beachteten es nicht. Es gehörte nicht mehr zu ihnen. Das Mädchen wurde traurig und fing an, den Preis zu hassen, der es zur Außenseiterin machte. Warum habe ich den Preis bekommen, fragte es sich, wozu brauche ich ihn? Das Mädchen war einsam geworden und blieb es lange Zeit.

Vorwort zur 1. Auflage

Dieses Buch ist für die Begabten und ihre Umgebung geschrieben, um sie zu stärken, so daß sie den Mut haben, ihre Begabung zu realisieren, und zugleich die Einsamkeit unserer kleinen Pianistin vermieden werden kann. Eltern und Lehrer, die die Umgebung der Begabten schaffen, können in diesem Buch den wichtigen Anteil sehen, den sie an der Entwicklung der Begabung ihrer Kinder und Schüler haben.

Obwohl ich viele Ergebnisse wissenschaftlicher Untersuchungen (anderer und meiner eigenen) anführe, ist dies kein wissenschaftliches Buch. Ich versuche, mich nicht hinter anderen Wissenschaftlern zu verstecken, sondern mich selbst mit meiner langjährigen Erfahrung zu stellen und mit dem, was ich von meiner Arbeit mit begabten Kindern, ihren Eltern und Lehrern gelernt habe.

1969 erschien mein erstes Buch über die Psychologie der Kreativität. In der Anwendung der Kreativität in Erziehung und Psychotherapie hat sich seither die Überzeugung in mir vertieft und bewahrheitet, daß Kreativität die bedeutendste Möglichkeit ist, jeden Menschen, vor allem aber Begabte, auf das Leben vorzubereiten.

Die Welt um uns ändert sich mit zunehmender Geschwindigkeit. Besonders die politischen, sozialen und ökonomischen Wertmaßstäbe sind von den Veränderungen betroffen. Das einzige, was beständig zu bleiben scheint, ist der Wandel. Dieses Paradox ist schwer zu integrieren. Der einzelne ist viel zu sehr mit der Bewältigung der Veränderungen und Übergänge beschäftigt, als daß er sich ein klares Bild von Richtung und Ziel machen könnte. Er fühlt sich getrieben und ist dem Einfluß vieler Kräfte ausgesetzt.

Eine kreative Lebenseinstellung hilft uns, wechselnde Umstände zu meistern, anstatt zuzulassen, daß sie uns beherrschen. Erziehung zur Kreativität vermittelt die Eigenschaften und Fähigkeiten, die ein Mensch braucht, um sich ungewissen Situationen und Wandlungen aussetzen zu können und sie bewußt zu bewältigen. Ein kreativer Mensch ist zu diesem Risiko viel eher bereit als andere, weil er mit seiner Umwelt in ständigem Kontakt ist und lebhaften Anteil an ihr nimmt. Er paßt sich nicht nur neuen Gegebenheiten an, sondern ist auch in der Lage, sich bei Planungen und Veränderungen der Umwelt zu engagieren.

Kreativität existiert in größerem oder kleinerem Maße in jedem Menschen. Sie ist mit ihren vielen Dimensionen – Flexibilität, Offenheit, Experimentierfreudigkeit, Kommunikation, Humor, Spiel, Spannung – der gemeinsame Nenner von Prozessen in Wissenschaft und Kunst wie in menschlichen Beziehungen im allgemeinen. Kreativität kann durch Erziehung gefördert werden und wird mit der Zeit zu einer Lebenseinstellung, die uns einerseits in Wohlbekanntem und Vertrautem neue Aspekte finden läßt und uns andererseits befähigt, uns Neuem und Unvertrautem zu stellen und damit zu neuen Erfahrungen zu kommen.

Kreativität ist für mich das Ziel jeder Erziehung. Ich sehe sie als die höchste Stufe seelischer Gesundheit, intellektueller und künstlerischer Funktion, wie auch jeder zwischenmenschlichen Beziehung. Diese Einsicht schließt auch die Erkenntnis ein, daß es keine Lebenssituation gibt, in der wir nicht verschiedene Möglichkeiten finden könnten, und daß kein Rahmen zu eng ist, als daß sich in ihm nicht neue Alternativen entdecken ließen.

Wie weit das Individuum es wagt, seine kreativen Fähigkeiten zu verwirklichen, ist aber von seiner Umwelt abhängig. Unsere Gesellschaft ist konformistisch. In ihr herrschen ziemlich rigide Vorstellungen davon, **was** in einem Kind **wann** entwickelt werden sollte. Diese Prinzipien werden einheitlich angewandt, undifferenziert und ohne Einsicht in die Anlagen und Möglichkeiten des einzelnen Kindes. Meine langjährige Arbeit mit Kindern brachte mich zu der Überzeugung, daß die Fähigkeiten und Bedürfnisse sogar gleichaltriger Kinder sehr verschieden sind und daß also auch die Herausforderungen verschieden sein müssen. Ich kenne viele sechsjährige Kinder, die intellektuell die Reife von Acht- oder Neunjährigen haben, emotional aber wie Vierjährige sind. Wir sollten diese Tatsachen berücksichtigen lernen und uns den psychologischen und sozialen Problemen stellen, die sich daraus ergeben. Nicht selten werden begabte Kinder sehr unsensibel dazu angehalten, wie alle Kinder zu sein. Zwar ist Konformität nicht grundsätzlich negativ zu beurteilen – obwohl sie der „Erzfeind" der Kreativität ist – aber es fragt sich, welcher Preis für Konformität bezahlt werden muß. Wenn sie Verzicht auf individuelle Fähigkeiten und Begabungen bedeutet, dann ist der Preis auf jeden Fall zu hoch. Weder das Individuum noch die Gesellschaft kann und darf es sich leisten, auf kreative Fähigkeiten zu verzichten. Wir müssen Begabung herausfordern und fördern. Daß Begabung sich immer durchsetzt, ganz gleich unter welchen Bedingungen, hat sich schon längst als Vorurteil erwiesen.

Diese Überlegungen bedeuten nicht, daß ich Begabung für problematisch halte. Aus meinen Erfahrungen mit mehr als 35000 Kindern habe ich gelernt: Schwierig ist ein Kind nicht aufgrund dessen, was es ist, sondern aufgrund dessen, was es nicht ist. Nicht die Begabung ist das „Drama", sondern das Brachliegen all der Aspekte der kindlichen Persönlichkeit, die nicht herausgefordert worden sind. Sehr häufig ist es beim begabten Kind die Diskrepanz zwischen der intellektuellen und der emotionalen Entwicklung, die Konflikte hervorruft. Ich muß davor warnen, nur die spezifische Begabung zu fördern. Die ganze Persönlichkeit muß vielmehr angesprochen werden: die emotionalen, intellektuellen, musischen und sozialen Fähigkeiten. Wenn ein Begabter in angemessener Weise gefördert wird, ist er nicht problematisch.

Begabung ist relativ. Ein Kind von Eltern, die keine höhere Schule besucht haben, kann mit seinem IQ von 125 genauso begabt sein wie ein Kind gebildeter Eltern, das im Intelligenztest einen IQ von 140 erreicht. Beide bedürfen der gleichen Förderung. Für Kinder, die in einer kulturell unterentwickelten oder destruktiven Umgebung leben, ist Förderung sogar noch viel wichtiger, damit sie in der Lage sind, negative Einflüsse zu bewältigen. Die Arbeit mit solchen Kindern wird in diesem Buch an verschiedenen Stellen beschrieben. Wir haben nach nur achtzehn Monaten kreativ-erzieherischer Intervention sehr schöne Ergebnisse gesehen.

Jede Erziehung, die Fähigkeiten herausfordert, fördert auch begabte Kinder. Aber Begabung muß anerkannt und durch Sonderprogramme unterstützt werden. Ich halte nichts von besonderen Schulen für Begabte. Das begabte Kind sollte in allgemein zugänglichen Schulen die durchschnittliche Welt erleben, denn das ist die Welt, in der es leben wird, und für die es mit Hilfe seiner Kreativität vielleicht Verbesserungen suchen und finden wird.

Ich hoffe, daß dieses Buch Eltern, Erziehern und Lehrern helfen wird, das Kind in seiner Einmaligkeit zu sehen, seine Fähigkeiten zu erkennen und seine Bedürfnisse zu verstehen; ihm die Sicherheit und Freiheit zu gewähren, so zu sein, wie es sein **kann**; seiner Kreativität Raum zu geben, das Spielerische in ihm wachzuhalten und seine Aggressionen als aufbauende Kraft anzunehmen. Nur dann wird ein Kind es **wagen**, seine Begabung zu verwirklichen und die Verantwortung zu übernehmen, für sich und seine Umwelt zu wirken. Wir erziehen nicht für die Gegenwart, sondern für die Zukunft. In der Erziehung des begabten Kindes ist es deshalb besonders wichtig, seine kreativen Fähigkeiten herauszufordern und damit einen Grundstein für sein Leben zu legen, der vielleicht einer der Grundsteine für eine bessere Welt ist.

Erika Landau, 1990

Vorwort zur 2. Auflage

Ich bin dem Ernst Reinhardt Verlag dankbar, daß ich zu einer zweiten Auflage dieses Buches angeregt wurde. Denn als ich anfing, darüber nachzudenken, sah ich, wieviel ich in diesen neun Jahren dazugelernt habe. Eine Bereicherung nicht nur an Wissen, sondern an Bewußtsein und Erleben.

Ich stehe hinter allem, was ich vor neun Jahren schrieb und habe nur einige Einsichten vertieft. Erweitert habe ich das Buch außerdem um den heutigen Stand der Forschung auf dem Gebiet der Kreativität und der Begabung, um die Geschlechtsunterschiede bei den Begabten und um die Beziehung zwischen den Intelligenzen und der Kreativität.

Ein Aspekt, der für mich immer schon sehr wichtig war und es heute noch viel mehr ist, ist die seelische Reife des Begabten. Ich habe ihr deshalb ein eigenes Kapitel gewidmet. Dieser Aspekt ermöglicht die Kreativität, die Aktualisierung der Fähigkeiten wie auch die der Intelligenz der begabten Persönlichkeit, die im ständigen Dialog mit dem Selbst und mit der Umwelt ist.

Dieser ständige Dialog mit sich selbst und mit der Umgebung ist ein Ganzes, das einerseits alles in der Vergangenheit Erlernte und Erlebte beinhaltet, andererseits alles beeinflußt, was jetzt erlebt wird. Dieser „ganzheitliche", „holistische" Zugang zur Begabung wird im abschließenden Kapitel dieses Buches beschrieben.

Ich hoffe, daß Eltern und Lehrer wie auch begabte Menschen die Wichtigkeit der Herausforderungen des bewußten, integrativen Selbst, welches Intellekt, Emotionen und soziale Interaktion vereint, sehen können; daß diese integrierte Persönlichkeit sich als Ganzes viel stärker und bewußter dem Leben stellen kann.

Shira und Yael

Als unser Institut 1970 zu arbeiten begann, war der Begriff „begabtes Kind“ im Schulwesen noch nicht allzu geläufig. Ein Kind wurde nach seinem Benehmen, aber nicht nach den Ursachen für dieses Benehmen beurteilt; mit anderen Worten: Jedes „störende“ Kind wurde als „gestört“ angesehen.

Shira kam als Achtjährige zu uns. Ihre Lehrerin schilderte Shira als äußerst problematisch. Sie war überzeugt, daß Shira gestört sei, seelisch und wahrscheinlich auch geistig. Die Testergebnisse, die dem Mädchen eine hohe Intelligenz bestätigten, überraschten sie. In der Klasse war Shira passiv, antwortete kaum auf Fragen, meldete sich nie zu Wort. In der Pause stand sie immer allein im Hof, sie hatte keine Freunde und nahm nicht an den Klassentreffen teil. Ihre schriftlichen Hausarbeiten waren sehr gut, und die Lehrerin vermutete, daß die Eltern dem Kind dabei halfen.

Die Mutter stimmte zu, daß Shira verschlossen sei, doch schilderte sie sie als intelligent, sie würde zu Hause nie Hilfe bei ihren Aufgaben verlangen und könne sich immer selbst beschäftigen. Im Familienkreis war Shira ebenfalls zurückhaltend und Fremden gegenüber sehr scheu.

Shiras Vater war in der Armee und kam selten nach Hause. Die Mutter – auch sie ein verschlossener Mensch – sprach stets mit Achtung und Liebe vom abwesenden Vater. Shira war sechs Jahre lang Einzelkind gewesen, auch das einzige Enkelkind beider Großeltern. Bei ihrem Schuleintritt wurde ihr Bruder geboren. Das kann uns so manches Verhalten Shiras erklären: So wollte sie lieber zu Hause bleiben als in die Schule zu gehen, und stets war sie bemüht, das „gute Kind“ zu sein, um unbewußt die nun geteilte Zuwendung der Eltern zu kontrollieren und sich ihre Liebe zu sichern.

Im ersten Gespräch, das wir mit Shira führten, war sie ziemlich einsilbig. Nachdem sie ein halbes Jahr an unserem Kurs „Kreatives Denken“ teilgenommen hatte und die Lehrerin uns begeistert ihre Arbeiten zeigte, lud ich Shira mit ihrem Vater zu mir ein. Es war rührend, das kleine Mädchen an der Hand seines sehr großen Vaters zu sehen. Liebevoll sah Shira zu ihm auf, fast mit Verehrung. Sie waren beide gelöst und froh, und das Gespräch begann in guter Stimmung. Nachdem Shira mir gesagt hatte, wie glücklich sie im Kurs sei, stellte ich zunächst Fragen, damit sie ihr Wissen zeigen konnte. Dann fragte ich sie, was für sie das Gegenteil von Spielen sei. Ihre Antwort war: „naiv sein“. Ich war erstaunt und bat sie, mir diese Antwort zu erklären. Sie sagte: „Du bist eine erwachsene Frau und benimmst dich danach. Wenn du aber naiv bist und nicht weißt, wie du dich benehmen mußt, dann kannst du keine erwachsene Frau sein.“ Als ich sie leise fragte: „Was ist so schwierig für dich, Shira?“, da antwortete sie ebenso leise und mit gesenkten Augen: „Ich bin naiv. Ich verstehe nicht, was ihr alle von mir erwartet, und ich weiß nicht, wie ich sein soll.“ Das war ein Schrei nach Verstanden- und Angenommenwerden. Auch der Vater hatte begriffen. Er nahm Shira bei der Hand und versprach, ihr zu helfen, sich und die anderen zu verstehen.

Shira mußte viele Hürden überwinden, die wir ihr ein wenig erleichtern konnten, indem wir ihre Lehrerin zu einer der Fortbildungen einluden, die sich mit dem „begabten Kind“ beschäftigen. Die Schwierigkeit, das einzige Mädchen in einem Kurs für Feinmechanik zu sein, konnten wir ihr nicht abnehmen. Ihre Scheu und ihre Ängste haben wir durch Gespräche und durch das Verständnis für ihre Gefühle vermindert, aber bewältigen mußte sie ihre Schwierigkeiten doch allein. Sie tat das mit viel Mut, was sie offener, freier und sicherer machte.

Shira ist eine begabte Wissenschaftlerin geworden. Sie hat den richtigen Lebensgefährten gefunden und unterrichtet als begeisterte und begeisternde Lehrerin begabte Kinder.

Ungefähr zur gleichen Zeit wie Shira kam **Yael**, siebeneinhalb Jahre alt. Sie kam mit den Eltern. Yael war Einzelkind in einer Ehe, die viele Jahre kinderlos geblieben war. Die Eltern gaben zu, daß Yael der Mittelpunkt sei, daß sich alles um sie drehe und sie sehr verwöhnt werde.

Yael hatte Schwierigkeiten in der Schule und ständig Streit mit der Lehrerin, sie störte viel im Unterricht und wurde oft ins Direktorat geschickt. Kurz, Yael war ein problematisches Kind – nach den Worten der Lehrerin. In gewisser Hinsicht war sie es auch. Da sie den Lehrstoff sehr rasch erfaßte, waren ihr Wiederholungen langweilig. Um die gewohnte Aufmerksamkeit zu erregen, suchte sie aufzufallen, ganz gleich wie. Besonders aufgebracht war sie, daß die Lehrerin sie nicht aufrief, wenn sie sich meldete. Die Lehrerin erklärte ihr, sie wisse, daß Yael die richtige Antwort parat habe, müsse sich aber um die Schüler kümmern, bei denen dies nicht so sicher sei. Yael konnte das nicht einsehen und sagte künftig ihre Antwort laut. Dies brachte die ganze Klasse gegen sie auf. Sie hatte keine Freunde, worüber sie sich sehr beklagte.

Yael erzählte mir von ihren Interessen, die besonders auf wissenschaftlichem Gebiet lagen. Als ich sie fragte: „Was ist denn für dich Wissenschaft?", da antwortete sie: „Ein Schneeball, den man immerzu im Schnee wälzt, damit er größer und größer wird!" „Und was geschieht, wenn der Schnee schmilzt?" Yael: „Dann wird er zu Wasser, und das Wasser strömt und reißt alles mit!"

Yael war gern in unseren Kursen, aber sie konnte sich keinem Kind anschließen, denn ihre Mutter saß während des Unterrichts vor der Tür, horchte, kritisierte anschließend und brachte Yael dann sofort nach Hause. Es half nicht, ihr zu erklären, daß sie dem Kind auf diese Weise jede Möglichkeit nahm, mit anderen Kindern zu reden oder zu spielen. An Elternkursen nahm sie nicht teil, weil sie ihr zeitlich nie gelegen waren. Der Vater hatte eine außereheliche Beziehung, wollte aber die Ehe nicht auflösen, weil er Yael sehr liebte.

Mit neun Jahren kam Yael in eine Begabtenklasse, obwohl ich den Eltern geraten hatte, sie nicht aus ihrer gewohnten Umgebung herauszunehmen. Die neue Schule war von Yaels Zuhause ziemlich weit entfernt, so daß sie auch noch die wenigen Kontakte mit den Nachbarskindern verlor.

Mit zwölf zeigten sich ernstere Probleme. Yael widersprach der Mutter in allem, Schulpflichten ignorierte sie. Einerseits war sie verschlossen, andererseits brach sie beim kleinsten Widerstand von seiten der Eltern in Wut aus. Die Eltern kamen zu uns, um Rat zu holen. Es wurde ein schwieriger Weg, den wir zusammen zu gehen hatten. Die Eltern mußten lernen, ihre ständige Kritik an allem – außer an Yael – zurückzuhalten. Der Vater mußte einsehen, daß er Yael nicht allzusehr verwöhnen oder nur als Spielzeug sehen durfte, und die Mutter forderten wir auf, sich neue Interessen zu suchen und das Mädchen „freizugeben“, damit es eigene Alternativen in einem abgesteckten Rahmen finden könne. Durch unsere Vermittlungen bekam Yael einen besseren Zugang zu ihren Mitschülern, aber alles in allem blieb sie ein eigensinniger, unreifer Mensch.

Yael studierte Medizin, unterbrochen von einigen Krisen, und wandte sich dann der Forschung zu, weil sie sich im Umgang mit Patienten nicht wohl fühlte, „nicht daran interessiert“ war, wie sie es ausdrückte. In menschlichen Beziehungen engagiert sich Yael nur oberflächlich. Sie lebt allein. Kein Partner ist in ihren Augen vollkommen genug, um das Leben mit ihr zu teilen.

Wenn wir Yaels Werdegang mit dem Shiras vergleichen, sehen wir wieder, daß die Entwicklung einer Begabung entscheidend von den häuslichen Einflüssen bestimmt wird. Shira und Yael waren beide gleich begabt, aber was sie daraus machten, war sehr unterschiedlich. Shira bekam in einem wichtigen Moment Hilfe von ihrem Vater. Sie konnte sich gut entwickeln und ein ausgefülltes Leben führen. Bei Yael dagegen blieben wesentliche Lebensbereiche blockiert, weil sie von ihren uneinsichtigen Eltern keine Unterstützung erhielt.

„Die Einsamkeit des Langstreckenläufers"

Das begabte Kind gleicht einem Langstreckenläufer, der schneller ist als die anderen: Intellektuell ist es meist weit voran, mit seinen Gefühlen aber bleibt es oft allein. Wenn wir ihm emotional nicht helfen, wird es seine Einmaligkeit, seine Begabung aufgeben. Es wird „wie die anderen" werden, damit es weniger einsam ist, oder es entwickelt sich zum unzufriedenen Außenseiter in Schule und Gesellschaft.

Begabung verlangt aufmerksame Pflege, sie muß „bewässert" werden wie eine Pflanze. Wenn wir Begabung verkommen lassen, schaden wir nicht nur dem einzelnen Menschen, sondern tragen zum Niedergang der kreativen Elemente in allen Bereichen bei: in Gesellschaft, Wissenschaft, Kunst und Politik.

Woran ist Begabung zu erkennen? Ist sie nur wenigen eigen oder uns allen? Kann sie anerzogen, kann sie gefördert werden? Kann Begabung im Wachstumsprozeß verlorengehen? Kann ein solcher Verlust verhindert werden?

Begabung wird durch die Erbanlagen bestimmt, aber ob sie sich entfalten kann, hängt von den Umwelteinflüssen ab. Angeborene Begabung allein genügt nicht, und die besten Umweltbedingungen bringen nicht in jedem Menschen Begabung hervor. Aber wenn Anlage und Förderung zusammenkommen, wird aus den Fähigkeiten die „kreative Begabung".

Die Umgebung kann herausfordernd oder hemmend auf Begabung wirken. Ebenso wichtig wie die Fähigkeit, sich Wissen und Techniken anzueignen, ist deshalb der Lebensraum, in dem ein Mensch heranwächst. Von seinen Einflüssen hängt es ab, ob das begabte Kind sich seiner Fähigkeiten bewußt wird und wie weit es sie verwirklicht.

Mut zu sich selbst

Ein Teil unseres Existenzkampfes besteht darin, daß wir uns immer wieder zwischen zwei natürlichen Tendenzen entscheiden müssen: Einerseits möchten wir im Bekannten und Vertrauten bleiben, weil es uns sicher erscheint, andererseits haben wir das Bestreben, Neues zu suchen und Unbekanntes zu entdecken. Der erzieherische Prozeß sollte die Neugierde fördern, und sein Ziel sollte die möglichst freie Entfaltung des Kindes sein. Das bedeutet, ein Kind mit seinen besonders ausgeprägten Fähigkeiten anzunehmen und ihm die Freiheit zu gewähren, sie auf seine Art anzuwenden. Nur so wird es sich ins Unbekannte wagen und neue Wege gehen.

Alles, was neu ist, erscheint unsicher und macht Angst. Deshalb braucht man Mut, anders als alle zu sein, allein mit einer neuen Frage oder einer neuen Antwort, einer neuen Einsicht. Der Langstreckenläufer an der Spitze kann – theoretisch – wählen, ob er einsam bleiben möchte oder ob er sein Tempo verlangsamt, so daß er bald Gesellschaft hat. Begabung kann oft Konflikte schaffen, wenn Spitzenleistungen das Kind von seinen Freunden isolieren. Dann kann es vorziehen, mit den anderen konform zu gehen, was bei Mädchen öfters vorkommt als bei Jungen. Ein weiterer Konflikt kann auch entstehen, wenn ein Kind gezwungen wird, sich zwischen Fähigkeit und damit innerer Freiheit einerseits und Anpassung und äußerer Sicherheit andererseits zu entscheiden. Wenn es sich anpaßt und seine Begabung erstickt, dann verliert es den Zugang zu seiner inneren Welt, ist aber auch nicht frei genug, um mit der Außenwelt in Kontakt zu kommen. Verwirklichte Begabung ist Kommunikation mit sich selbst und anderen, Mut, mit sich selbst und den anderen zu kommunizieren.

Die spielerische Einstellung

Auch das ist ein Wagnis: mit Informationen, Elementen, Gegensätzen zu spielen und sie in neue Beziehungen zu bringen, denn auch ein Spiel kann mißlingen. Aber wenn wir es nicht allzu ernst nehmen, hilft uns das Spiel, flexibel zu werden und vertraute Dinge immer wieder von einem neuen Aspekt aus zu sehen.

Einstein sprach von der Wichtigkeit spielerischen Suchens und Ausprobierens, ohne die er nie zu seinen Lehrsätzen gefunden hätte. Erst das Experimentieren mit Ideen und möglichen Schlußfolgerungen hat ihn ermutigt, ungewöhnliche Fragen zu stellen und völlig neue Gesetze zu entdecken.

Meine Erfahrung hat mich gelehrt, daß viele Probleme begabter Kinder und ihrer Eltern und Lehrer daher kommen, daß sie sich zu ernst nehmen. Ein Mißlingen kann dann zur Folge haben, daß die Kinder nichts Neues mehr wagen und alles, was die Möglichkeit eines Mißerfolgs in sich trägt, vermeiden. Versagen ist menschlich und ist erlaubt; nicht erlaubt sollte es sein, aus Versagen nicht zu lernen. Mißerfolg paßt nicht zu dem Bild, das der Begabte von sich hat. Für begabte Kinder ist es deshalb besonders wichtig, daß sie sich Fehlschläge erlauben dürfen, denn ihre Laufbahn wird sie vermutlich auch mit Anforderungen konfrontieren, bei denen sie zuerst einmal versagen. In der Wissenschaft zum Beispiel hören wir gewöhnlich nur von Erfolgen, aber wir erfahren nichts über die unzähligen mißlungenen Experimente, die ihnen vorausgegangen sind; doch sie gehören dazu, und darauf sollten wir die Begabten vorbereiten.

Die kreative Fragestellung

Wir hoffen, daß unsere begabten Kinder die „Leader“, die Führungspersonen der Zukunft werden, aber mit unserem heutigen Wissen können wir sie nur bedingt auf diesen Weg vorbereiten, denn dieses Wissen kann schon sehr bald irrelevant sein. Aber wenn wir sie lehren, kreativ – von verschiedenen Standpunkten aus und spielerisch – zu fragen und nach Antworten zu suchen, dann haben wir ihnen die besten Voraussetzungen mitgegeben. Diese Art (des Lehrens) fordert die intellektuellen wie auch die emotionalen Fähigkeiten des Kindes heraus.

Der existentielle Zugang zur Erziehung der Begabten

Begabung kann zum Problem werden, wenn ein Teilbereich der Persönlichkeit sehr viel weiter entwickelt ist als ein anderer, wenn, wie es oft der Fall ist, eine Diskrepanz zwischen der intellektuellen und der emotionalen Entwicklung besteht.

Die emotionale Atmosphäre, in der ein Kind aufwächst, muß ihm Sicherheit und Freiheit geben, damit es wagen kann, seine offensichtlichen und seine verborgenen Talente zu zeigen, den manchmal engen Kreis seiner Welt zu erweitern und Neuland zu betreten. Es sollte zur Individualität ermutigt und nicht zur Konformität angehalten werden. Ziel der existentiellen Erziehungshaltung ist es schließlich, dem Kind zu dem zu verhelfen, was es sein kann.

Auf diese Weise wird Lernen zu einem Prozeß, bei dem die Kinder ihr Arbeiten und Forschen genießen. Ihm geht kreatives Lehren voraus, das nicht nur im Vermitteln von Fakten besteht. Fakten erklären vielleicht die Vergangenheit, kaum die Gegenwart und noch weniger die Zukunft. Sie müssen begleitet sein von Fragen, die Logik und Vorstellungskraft anregen, so daß die Kinder Lust bekommen, selbst nach Antworten zu suchen. Die Fragen sollten eine Beziehung zur kindlichen Welt haben, verständlich sein und die verschiedenen Anlagen ansprechen, die emotionalen, geistigen, künstlerischen und sozialen. So fördern sie auch interdisziplinäres Denken.

Lehren und Lernen dürfen nicht als Gegensatz zum Spiel empfunden werden, sondern sollen das Spiel und seine Regeln einschließen. So findet das Kind den Mut, beim Experimentieren auch einmal ein enttäuschendes Resultat hinzunehmen und neu zu beginnen.

Am wichtigsten ist es, einem Kind bewußt zu machen, daß es begabt ist, und gleichzeitig zu verhindern, daß es sich allzu ernst nimmt. Humor ist eine der Eigenschaften, die wir den Begabten mitgeben können auf den „Langstreckenlauf" ihres Berufs und ihres Lebens.

Das Beispiel Alex

Nach dem Vortrag eines Professors über Gehirntransplantation bei Tieren forderte ich die Kinder auf, Fragen zu stellen. Der neunjährige Alex flüsterte mir ins Ohr, daß er eine Frage hätte. Ich bat ihn, sie laut auszusprechen. Er hatte jedoch nicht den Mut dazu. Ich nahm ihn bei der Hand und sagte ihm, daß ich bei ihm bleiben würde. Das half ihm, und er fragte: „Wenn wir eines Tages diese Hirntransplantation bei Menschen machen, werden wir dann auch ihre Träume mittransplantieren?" Das Kind sah Verständnis in den Augen des Professors aufblitzen, es löste seine Hand aus der meinen und setzte sich lächelnd. Alex war in dem Augenblick wie der einsame Langstreckenläufer. Seine Gedanken waren denen der anderen Kinder voraus. Als er aber gefragt hatte und verstanden wurde, war er nicht mehr einsam und konnte „weiterlaufen". Er hat mit 16 Jahren das Abitur gemacht, studierte Medizin und ist heute ein Arzt, der neben der Krankheit die Persönlichkeit des Kranken miteinbezieht.

Seelische Reife

Mein Ausgangspunkt in der Arbeit mit begabten Kindern war, wie für viele Forscher und Erzieher, ihre hohe Intelligenz. Sehr bald jedoch konnte die Psychotherapeutin in mir erkennen, daß der Schwerpunkt in dieser Arbeit nicht in der Intelligenz, sondern in den Diskrepanzen der verschiedenen Aspekte der Persönlichkeit des begabten Kindes liegt. Diskrepanz zwischen intellektueller und emotionaler Entwicklung. Diskrepanz zwischen verschiedenen intellektuellen Fähigkeiten, Diskrepanz zwischen Intelligenz und Kreativität.

Je länger ich mit diesen Kindern arbeite, um so fester wird meine Überzeugung, daß sich die höchste Intelligenz ohne emotionale Reife nicht aktualisieren kann, daß man ohne den kreativen Zugang nichts Neues erschaffen kann, daß man ohne soziales Engagement – „Involvement" – und Zugehörigkeit das Neue der Umwelt nicht kommunizieren, vermitteln kann. Dies habe ich in meiner erzieherischen Arbeit mit begabten Kindern wie auch in meiner psychotherapeutischen Arbeit mit begabten Erwachsenen gelernt.

Ich möchte gleich darauf hinweisen, daß das, was ich hier unter „seelischer Reife" verstehe, nichts mit Golemans „emotionaler Intelligenz" zu tun hat. Auch auf die Gefahr hin, daß man mich für altmodisch hält, möchte ich nicht das, wofür die Psychologie über ein Jahrhundert gekämpft hat, die Intelligenz und die Emotionen als zwei für sich stehende Bereiche der Persönlichkeit zu sehen, einfach oberflächlich in einen Topf werfen.

Erik H. Erikson, der bekannte Psychoanalytiker, schreibt in der Einleitung seines Buches über Identität (1971) über seinen Lehrer Paul Federn, der eine Vortragsreihe mit der Frage beendete: „Nun, glaubt Ihr, daß ich mich selbst verstanden habe?" Erikson sieht in dieser Frage den Weg zur seelischen Reife, den ihm sein Lehrer zeigte, sein Selbst zu verstehen, damit er sich dadurch seinen Schülern verständlich machen kann.

Für mich ist dieses „Selbst", oder besser gesagt, das bewußte „Selbst", der globale Faktor der emotionalen Reife: die Offenheit, die Sensibilität, Probleme wahrzunehmen, die Sicherheit, die Freiheit und der Mut, sich den Problemen zu stellen und gemäß den eigenen Fähigkeiten, diese Probleme zu lösen.

Dieses bewußte Selbst bedeutet, daß ich die Steuerung, die Kontrolle habe, daß ich in einer kohärenten Weise erlebe und fühle, daß ich beschreiben kann, was ich sehe, was ich denke, was ich fühle. Der Sinn des Selbst ist, daß ich lebe, mich wohl oder unwohl fühle, hier und jetzt, denn ich bin im Dialog mit mir selbst. Und es ist die Gültigkeit einer reifen und funktionierenden Persönlichkeit, daß ich selbst in meiner Individualität im Dialog bin mit meiner Umwelt.

So ist die Frage Federns nicht nur ein geistreicher Ausspruch, sondern weist auf die Fähigkeit hin, daß der Dialog mit dem Nächsten erst wirklich wird, wenn er als Folge eines inneren Dialogs kommt, daß ich von anderen verstanden werden kann, wenn ich mich selber verstanden habe. Dem Selbst wird die vereinende Funktion, die Integration, die Fusion der intra- und interpersonalen Erfahrungen der Persönlichkeit zugeschrieben.

Karl Popper (1968) meint, daß wir uns nicht nur unserer Lebendigkeit bewußt sind, sondern uns als unser „Selbst" wahrnehmen in unserem Sein in Zeit und Raum, in unserer integrierten Identität. Hume zitierend definiert er dieses Selbst als die Summe des Erlebten: alles, was je durch unser Bewußtsein gezogen ist, unsere Erinnerungen, alles Freud und Leid. Es ist das wichtigste Element des Bewußtseins, weil es symbolisch alle Inhalte repräsentiert und zugleich auch das Netz, das Muster ihrer Interrelationen.

Es ist wie ein Kreislauf der psychischen Energie, vom Selbst dirigiert, die die Inhalte des Bewußtseins auf die Ziele lenkt. Die Ziele ihrerseits dirigieren die psychische Energie weiter ins Selbst. So erhalten wir eine Spirale. Dieses System formt das Selbst und wird gleichzeitig vom Selbst geformt. Csikszentmihalyi (1991) nennt diesen Kreislauf „Flow" – Fließen, das uns vollkommen im Moment aufgehen läßt, in dem es kein Gestern und kein Morgen gibt, nur das Hier und Jetzt des Denkens, Imaginierens, Tuns.

Ich erkenne diesen Flow so oft in unseren begabten Kindern, wenn sie etwas interessiert, diese vollkommene Konzentration, aus der sie niemand herausholen kann. Und wenn sie dann aus dieser Konzentration herauskommen, machen sie sofort weiter. Diese sich selbst regulierenden Fähigkeiten sind wichtige Merkmale dieser Kinder für mich geworden.

Wenn ein Kind so dasitzt, wohl für sich allein, ist es gar nicht einsam oder isoliert. Es ist mit sich selber und im Moment für mich eine Ganzheit. Denn es ist ganz mit Leib und Seele, mit seinem Verstand und seiner Person. So kam ich auf die „Ganzheit“, auf den holistischen Zugang, den ich in einem besonderen Kapitel beschreibe.

Ich glaube, wenn wir begabte Kinder erziehen, müssen wir diese „Ganzheit“ im Auge behalten: den intellektuellen, emotionalen und sozialen Aspekt ihrer Persönlichkeit in einer Umgebung, die wie das Kind auch ihre Bedürfnisse und Forderungen hat. Jede Erfahrung im Leben des Kindes trägt zu seinem Wissen, zu seinem Selbst und zu seiner sozialen Interaktion bei. Der andauernde, kontinuierliche Prozeß des Lernens und des Erlebens formt ein Selbst, das vollständiger ist als die Summe seiner Teile.

Ein kontinuierlicher Prozeß – das hört sich ominös an. Kommen wir nie zur Ruhe? Lernen wir, erleben wir kontinuierlich? Ja, weil der Mensch von Natur aus eine lernende Kreatur ist. Das Baby lernt das Lachen, das Weinen, das Krabbeln, das Gehen, das Sprechen, ohne daß wir es lehren. Der Drang, den Erwachsenen zu imitieren und daraus zu lernen, kommt von selbst, weil Lernen ein erfreulicher Prozeß ist, der die Neugier und Wißbegier, das Verlangen nach Kontakt mit der Umwelt befriedigt.

In einer unserer Untersuchungen wollten wir den Effekt der seelischen Reife auf Kreativität und unabhängig davon auch auf Intelligenz herausfinden. Seelische Reife wurde als die Stärke individueller Fähigkeiten im Rahmen sozialer Forderungen definiert. Die Resultate zeigten, daß sich seelische Reife sowohl auf Kreativität als auch auf Intelligenz auswirkt. In der hochintelligenten Gruppe waren diejenigen kreativer, die seelische Reife besaßen. Dies bestärkte mich in meiner Überzeugung, daß Hochbegabung nicht nur von hoher Intelligenz bedingt ist, sondern daß seelische Reife einen wichtigen Anteil darin hat und die Interaktion beider Eigenschaften kreatives Verhalten – und damit Aktualisierung der ganzen Persönlichkeit – ermöglicht (Landau 1998a).

Unser Selbst hat eine Sprache, die jeder einzelne von uns erlernen sollte (Salovey 1990). Der Name dieser Sprache kommt aus dem Griechischen: Lexithymia. Den seelischen Analphabetismus nennen wir Alexithymia (a: Mangel/Nicht haben; lexio: Wort; Thymos: Seele): keine Worte der Seele haben. Dies ist eine sehr ernste Krankheit, an der man wohl nicht stirbt, sogar sehr lange leben kann. Was für ein Leben das sein mag, ist eine andere Frage.

Wenn wir die Kinder nur intellektuell fördern und sie seelisch nicht herausfordern, sie seelische Analphabeten werden lassen, so werden sie nicht nur mit sich selbst nicht im Dialog sein können, sondern sie werden auch mit den anderen nicht kommunizieren können. Wenn du dich selber nicht lesen kannst, so kannst du auch deinen Nächsten nicht lesen, verstehen. Das bindende Selbst wird nicht geformt und wird Erlebnisse nicht formen können.

Als ich jünger war, dachte ich, daß das wichtigste Wort in unserer Sprache das Verb sei: Aktion. Wachsend begann ich das Adjektiv als genauso wichtig zu sehen. Das Eigenschaftswort zeigt uns die Wirkung unseres Tuns auf, es sind die Adjektive, die unsere Launen, unsere Gefühle beschreiben: traurig, glücklich, froh, gespannt, wütend, neidisch usw. Die Kinder lehren, ihre Gefühle wahrzunehmen, sie zu benennen, über sie zu sprechen, ist äußerst wichtig. Nach jedem Gespräch, nach jeder Problemlösung zu fragen: Wie fühlst du dich jetzt? Bist du froh? Bist du gespannt? Bist du neugierig? Die Kinder antworten auf diese Fragen, weil sie kommunizieren wollen. Kinder lehren, Menschen zu beobachten. Jede Beobachtung bereichert das Selbst, das seinerseits die Beobachtung durch frühere Erfahrungen bereichert. Dies ist der reife Lernprozeß.

Der „idiot savant" ist das Beispiel der negativen Form eines reifen Lernprozesses. Obwohl er ein „savant" ist, ungeheures Wissen in einer gewissen, engen Domäne besitzt, ist er auf allen anderen Gebieten ein vollkommener „idiot". Sein IQ schwankt zwischen 40–70. Viele Forscher gaben sich mit diesen einzigartigen Genies ab, die nach einmaligem Hören eine Komposition von Bartok oder Bach ohne jeden Fehler nachspielen, aber neben diesem „Talent" keine weiteren Fähigkeiten normal entwickeln. Sie wurden als abnormal betrachtet und man schrieb ihnen autistische Züge zu. Erst in den letzten Jahrzehnten fing man an, diese Menschen zu beobachten und zu studieren, und fand, daß es da nicht um Lernprozesse ging. Vom ersten Moment an handeln sie in ihrem spezifischen Begabungsbereich richtig und präzise. Manche lernen Fremdsprachen in sehr kurzer Zeit, verstehen jedoch die Worte nicht. Forscher sprechen von mechanistischem Denken, von Gedächtnis ohne Verstand, von Hyperlexie (wenn jemand auf der Textebene lesen, gedruckte Buchstaben dekodieren kann, ohne den Sinn des Gelesenen zu verstehen) (Winner 1996).

Kurt Goldstein (zitiert bei Sacks 1995) charakterisierte den „idiot savant" als unfähig, symbolische oder metaphysische Worte und Ideen zu verstehen, als pathologisch konkret, weil er unfähig ist, abstrakt zu denken oder zu imaginieren. Er beschrieb ihn als ungeduldig, intolerant, ohne jedwelches Interesse an Menschen oder Gesellschaft. Sein einziges Interesse gilt dem Bereich, in dem er „savant" ist, und er bezieht es auf kein anderes Gebiet des Wissens oder der Persönlichkeit.

Oliver Sacks schrieb ein sehr aufschlußreiches Buch über diese spezifischen Genies (1995). Da das Talent des „savant" nicht mit seiner Persönlichkeit in Beziehung steht, kann er sich nicht entwickeln. Gewöhnlich erreicht sein begrenztes Können oder Wissen den Höhepunkt zwischen 16 und 17 Jahren, dann hört die Entwicklung auch auf diesem Gebiet auf.

Dem „idiot savant" fehlt etwas sehr Globales, etwas Bindendes zwischen seinem beeindruckenden Wissen auf einem gewissen Gebiet und seiner restlichen Persönlichkeit. Ihm fehlt das bewußte Selbst.

Ich habe den Begriff des „idiot savant" ein wenig erweitert und gebrauche bewußt nicht die heutige „politisch korrekte" Bezeichnung „savant". Wir hatten einige solcher Kinder in unserem Institut. Kinder, deren Eltern nur den „savant" in ihnen, nur das intellektuelle Wissen gefordert hatten. Kinder, die in Wörterbüchern nach Worten suchen mußten, um ein Erlebnis, eine schöne Aussicht, ein Gefühl zu beschreiben. Es war und ist oft schwere Arbeit, mit den Eltern und dem Kind einen weiteren Kreis zu ziehen, in dem sie auch Affektives sehen und tun können.

Nicht durch Psychotherapie haben wir sie aus ihrem konkreten und theoretischen geschlossenen Kreis herausgeholt, sondern indem wir ihnen Herausforderungen angeboten haben, Gefühle zu beschreiben, ihr Wissen auch auf die persönliche und interpersonale Ebene zu beziehen, interdisziplinäres Denken und bewußtes Erleben zu kennen. Es sind die schönen Momente unserer Arbeit, zu sehen, wie diese Kinder auch bessere Problemlöser werden, indem sie Worte für ihre Gefühle finden und den Mut, sie auszusprechen; und von den Eltern zu hören, daß sie zu Hause wie auch in der Schule toleranter und akzeptierter sind.

Emotionale Reife ist für mich die Fähigkeit, frei und sicher und/oder trotz der Angst die Herausforderung der Gesellschaft gemäß meinen Potentialen anzunehmen. Das kreative und integrative Selbst der sich aktualisierenden Persönlichkeit ist die harmonische Balance zwischen Intellekt und Gefühlen, zwischen Eigen- und Umwelt.

Es ist die essentielle Bedingung für individuelle Entwicklung. Je eher wir diese sensible Balance im begabten Kind herstellen, um so besser wird es sich entwickeln und um so weniger Probleme werden in seiner Entwicklung aufkommen. Dies wird auch der begabten erwachsenen Persönlichkeit ermöglichen, ihre Potentiale, ihre hohe Intelligenz kreativ zu verwirklichen.

Emotionale Reife entwickelt sich durch das ganze Leben. Es ist sehr wichtig, daß besonders Eltern und auch Lehrer sich dessen bewußt sind, daß Kinder nicht nur Herausforderung für ihre Intelligenz, sondern genauso auch Herausforderungen für ihre Emotionen brauchen.

Die kreative Einstellung

Zur Natur der Kreativität

Das Wort Kreativität hat seinen Ursprung im lateinischen *creare,* was zeugen, gebären, schaffen, erschaffen heißt. Schon dieser Herleitung nach ist Kreativität etwas Dynamisches, ein Prozeß, der sich entwickelt und entfaltet und der bereits Ursprung und Ziel in sich birgt.

Obwohl Kreativität so alt ist wie die Menschheit selber, wurde dieses Phänomen besonders in den letzten fünf Jahrhunderten nur auf die schönen Künste bezogen, auch da nur dem Genius, dem Außergewöhnlichen, zugeschrieben und dabei mit dem Nimbus der Mystik umgeben.

Ich wurde oft gefragt, warum ich nicht das Wort „schöpferisch“ statt „kreativ“ benutze. Zu lange war der Begriff des Schöpferischen mit den schönen Künsten verbunden. Allzu viele glauben noch heute, daß dem wissenschaftlichen Wirken andere Fähigkeiten zugrundeliegen als der künstlerischen („schöpferischen“) Tätigkeit. Die wenigsten erkennen, daß jedes Individuum schöpferisch sein kann, daß es Kreativität in jeder Lebenssituation gibt. Die Meinung, Kreativität sei nur wenigen gegeben, hinter der sich der Hang zur Bequemlichkeit verbirgt, hat bei vielen das Kreative verdrängt.

Der eigentliche Beginn der wissenschaftlichen Erforschung der Kreativität wie auch der Begabung kann mit Galtons „Hereditary Genius“ (1869) angesetzt werden Es war jedoch nicht Galton, der die Kreativitätsforschung in Gang brachte. Bis 1950 gab es nur sporadische Untersuchungen auf diesem Gebiet (Guilford 1950). Der Auftakt zum Wettrennen um die Erforschung der Kreativität war ein technisches Ereignis, nämlich die Entsendung des ersten Sputniks ins Weltall. Der Bedarf an kreativen Wissenschaftlern brachte Staat und Industrie vor allem in Amerika dazu, psychologische Untersuchungen zum Thema der Kreativität zu finanzieren und zu fördern. Dieser Beginn stand unter dem Motto: Um als Nation zu überleben, muß das Individuum kreativ denken (Toynbee 1964).

Damit kam zugleich die Frage auf, wie man das kreative Individuum in der demokratischen Masse vereinzeln kann, um die ihm eigenen Persönlichkeitsmerkmale festzustellen. Durch eine Abstraktion und Verallgemeinerung sollte ein Zugang zu diesen Merkmalen bei anderen Individuen ermöglicht werden, um daraus zu lernen, wie sie anzusprechen und zu fördern sind.

Man entdeckte die Vielseitigkeit der Kreativität, daß es so viele Arten der Kreativität wie menschliche Betätigungen gibt, so viele Aspekte, wie die menschliche Natur sie hat (physisch, psychisch, intellektuell, sozial, emotional etc.), daß sie in allen Altersstufen vorhanden sind und in allen Kulturen. Die verschiedenen Arten und Aspekte unterscheiden sich im Grad und im Niveau, die Kontinuität ist nicht im Produkt der Kreativität, sondern im kreativen Prozeß selber zu finden. Man begann, den kreativen Prozeß zu analysieren, ihn mit anderen Denkprozessen zu vergleichen und fand, daß er dem Problemlösungsdenken analog ist (Guilford 1957 und 1967). Immer mehr Forscher wagten zu behaupten, daß allen kreativen Prozessen, ob es sich dabei um eine symphonische Komposition, eine lyrische Dichtung, die Erfindung und Entwicklung eines neuen Flugzeugs, einer neuen Verkaufstechnik, eines neuen Medikaments oder eines neuen Rezepts für eine Suppe handelt, die eine gemeinsame Fähigkeit zugrunde liegt, nämlich: die Fähigkeit, Beziehungen zwischen vorher unverknüpften Erfahrungen zu finden, die sich in der Form neuer Denkschemata als neue Erfahrungen, Ideen oder Produkte ergeben (Parnes 1964, Guilford 1967). Dieses kreative Potential ist jedem Individuum gegeben und kann in jeder Lebenssituation angewandt werden.

Kreativität ist für mich ein Phänomen, das allgemein menschlich ist. Picasso und Einstein besaßen sie beide. Beide dachten in Begriffen, die auch anderen vertraut waren, sie brachten sie aber in neue Beziehungen, in neue Zusammenhänge, die zur künstlerischen Schule bzw. zur wissenschaftlichen

Theorie wurden. Bei beiden war die Kreativität nicht aus dem Nichts erwachsen, sondern beruhte auf Wissen und Erleben, auf dem Mut, sich ins Neue, Unbekannte und Ungewisse vorzuwagen.

Heute sehe ich Kreativität als eine Einstellung, die es ermöglicht, einerseits in Wohlbekanntem und Vertrautem neue Aspekte zu finden, andererseits sich Neuem und Unvertrautem zu stellen und es mit dem vorhandenen Wissen zum neuen Erlebnis zu schaffen. Kreativität ist für mich das Ziel jeder Erziehung und jeder Psychotherapie. Sie stellt in meiner Hierarchie die höchste Stufe der seelischen Gesundheit, der intellektuellen und künstlerischen Funktion dar.

Das Phänomen der Kreativität wird von der Wissenschaft unterschiedlich aufgefaßt, je nachdem, ob der Schwerpunkt der Betrachtung auf der kreativen Persönlichkeit, dem kreativen Produkt oder dem kreativen Prozeß liegt.

Die kreative Persönlichkeit

Aus den Selbstzeugnissen kreativer Künstler und Wissenschaftler ergibt sich folgendes Persönlichkeitsbild:

Kreative Individuen bevorzugen das Vielschichtige und Vielseitige. Sie erleben auf eine differenziertere und umfassendere Art als ein weniger kreativer Mensch, sind unabhängiger in ihrem Urteil, selbstbewußter, dominanter und narzißtischer und wehren sich gegen Unterdrückung und Einschränkung. Sie sind aufgeschlossen, spielerisch, neugierig und feinfühlig und neigen deshalb weniger zu Vorurteilen. In ihrem Denken sind sie phantasievoll, flexibel und originell und bei der Ausarbeitung ihrer Ideen sorgfältig.

Diese Eigenschaften sind in jedem von uns in größerem oder geringerem Maße angelegt, aber nicht jeder wagt es, sie zu aktivieren und sich mit den bestehenden Möglichkeiten auseinanderzusetzen, denn oft sind diese Anlagen tief in der Persönlichkeit vergraben, unter Gewohnheiten und Vorurteilen und der

Angst, zu versagen oder von der Gesellschaft nicht akzeptiert zu werden.

Das Bestreben, sich anzupassen, mit der Masse konform zu sein, erstickt Kreativität, die genau das Gegenteil von Anpassung bewirkt, nämlich Entfernung vom gesellschaftlich Üblichen, d. h. Erneuerungen. Ein konformistisch ausgerichteter Mensch ist vielleicht von interessanten Zielen fasziniert, aber den Weg zu einem solchen Ziel scheut er, denn er könnte ja mit Mißerfolgen verbunden sein. Er will sofort und ohne Risiko Erfolg haben, ohne tätig zu sein, ohne auszuprobieren und sich Mühe zu geben, und ohne die unvermeidlichen Enttäuschungen hinzunehmen und daraus zu lernen.

Zum Persönlichkeitsaspekt der Kreativitätsforschung gehört weiterhin auch das Problem der Motivation. Warum ist das Individuum kreativ? Die Antworten hierauf sind genauso vielfältig wie die Definitionen und Kriterien. Einige Forscher sprechen von einem angeborenen Drang zur Kreativität, andere von unbefriedigten, sublimierten Bedürfnissen, Drang mit der Umwelt zu kommunizieren, intellektueller Drang, Neugier, Drang zum Neuen, zur Abwechslung, zur Ordnung. Diese Beispiele sind nur einige der zahlreichen Erklärungen zum Thema der Motivation.

Ich glaube, daß die innere, intrinsische Motivation die treibende Kraft hinter jedem kreativen Bestreben ist: Freude, Befriedigung und die Herausforderung im Prozeß selber, in der Aktualisierung der persönlichen Fähigkeiten. Einstein schrieb einmal an Max Planck: „Das tägliche Ringen kommt nicht von einem Ziel oder einem Programm, sondern von tiefem und sofortigem Bedürfnis." Die extrinsische Motivation, d. h. durch die Belohnung von außen, führt zwar zu gewissen Erfolgen, doch sie trocknet leicht aus, wenn intrinsische Motivation nicht mit im Spiel ist.

Untersuchungen mit Kindern und Erwachsenen zeigen, daß die Leistungen bei kreativen Aufgaben schlechter ausfielen, wenn sie nur extrinsisch durch Belohnung motiviert waren.

Wurde keine Belohnung versprochen, so waren die Ergebnisse besser.

Das kreative Produkt

Dieser Aspekt der Kreativität wird vielfach über die kreative Leistung definiert, und diese Leistung wird danach beurteilt, wieweit eine Umstrukturierung gelungen ist und ob das neu entstandene Produkt tatsächlich anwendbar ist.

Guilford (1959) unterscheidet zwischen zwei Arten von kreativen Produkten: die greifbaren und von der Kultur anerkannten Produkte und die „psychologischen“ Produkte, die nicht nur von Genies geschaffen werden, nicht unbedingt greifbar sind, sondern ausgedrückte oder auch nur gedachte Ideen sein können.

Gelungen ist eine neue Konstruktion von Ideen oder Elementen dann, wenn sie den Ansprüchen der Realität gerecht wird und den Bezugsrahmen des Individuums erweitert, wobei das Neue Auswirkungen auf die Bedeutungswelt des einzelnen Menschen, aber auch auf das Wertesystem einer Kultur haben kann.

Neuheit als Kriterium und Maß der Kreativität führt zu der Frage nach dem Bezugsrahmen, auf den sich das Neue bezieht. Der Bezugsrahmen ist eine Ebene in der Hierarchie, in der sich Kreativität manifestieren kann.

Wir unterscheiden zwischen individueller und gesellschaftlicher Kreativität. Individuelle Kreativität schöpft aus der Erfahrungswelt des einzelnen, gesellschaftliche Kreativität richtet den Blick auf eine ganze Kultur. Ein Kind, dem etwas gelingt, was es noch nie vorher gemacht hat, ist individuell sehr kreativ, global gesehen nicht. Die individuelle Kreativität ist für die Entwicklung des Einzelnen lebenswichtig. Sie ist aber auch die Voraussetzung für gesellschaftliche Kreativität. Da sie die Grundlage für die Beeinflussung gesellschaftlicher Prozesse ist, ist es so wichtig, kreative Anlagen zu entwickeln.

Der kreative Prozeß

Viele Forscher sehen heute Kreativität als *Problemlösen*, denn jede Problemlösungssituation fordert vom Individuum kreatives Denken. Es arbeitet mit den vorhandenen Informationen, investiert seine früheren Erfahrungen, kombiniert sie zu neuen Strukturen, die in ihrer neuen Konfiguration ein Problem zu lösen vermögen.

Man unterscheidet heute im kreativen Prozeß (wie auch im Problemlösungsprozeß) vier Phasen (siehe Tabelle 1):

1. Die Vorbereitungsphase mit der Problemstellung und der Ansammlung des Materials.
2. Die Inkubationsphase, in der das vorhandene Wissen mit dem Problem und dem angesammelten Material konfrontiert wird und sich neue Bezüge bilden.
3. Die Einsichtsphase, in der eine Lösung aufkommt.
4. Die Verifikationsphase, in der die Einsicht daraufhin geprüft und getestet wird, ob sie auch wirklich neu ist, ob sie problemrelevant ist, ob sie den individuellen oder kulturellen Bezugsrahmen erweitert und ob sie anwendbar ist.

Jede dieser Phasen versetzt das Individuum in einen bestimmten psychischen Zustand, der als Spannung, als Frustration, als Freude, und in der Endphase als Konzentration erlebt wird.

Vorbereitungsphase: Jeder Stimulus, der den Organismus unvorbereitet trifft, und auf den das Individuum nicht sofort reagieren kann, schafft ein Problem. Besonders deutlich wird dies im Unterricht, an dem begabte und weniger begabte Schüler teilnehmen, und entsprechend rasch oder verzögert auf die Stimuli des Lehrers antworten. Der Lehrer kann diese Unterschiede ausgleichen, indem er seine Stimuli in Fragen kleidet, die die Neugierde der Schüler wecken und ihre Phantasie anregen. Jeder einzelne hat dann Gelegenheit, auf seine Weise mit dem Thema umzugehen. In dieser Phase kommuniziert das Kind sowohl mit der Außenwelt (in Gestalt des Lehrers) als auch mit der Innenwelt, in der es nach gespeicherten Erfahrungen und Informationen sucht. Das Verhalten des Kindes ist dabei aggressiv-aktiv und verrät eine starke Spannung. Wenn der Lehrer in dieser Phase Stillsitzen fordert, unterbricht er den kreativen Prozeß.

Inkubationsphase: in der die neuen Bedingungen auf den vertrauten Erfahrungsbereich stoßen und das Kind um eine Lösung ringt, gestaltet sich oft schwierig. Das Kind wirkt unruhig, ist gereizt und läßt sich leicht entmutigen. Die Kommunikation ist intrapersonal, das heißt, das Kind setzt sich mit sich selbst auseinander, was ihm nicht immer bewußt ist. Der Lehrer sollte jetzt Verständnis zeigen und beruhigend und besänftigend auf seine Schüler einwirken.

Einsichtsphase: Die Einsicht kommt oft unverhofft, und auch da ist die Kommunikation noch intrapersonal, denn das Kind hat noch keine akzeptierende Rückmeldung erhalten und hat noch keinen Bezugsrahmen für seine Lösung. Das ist gewöhnlich der Moment in einer Klasse, in dem die Begabten sich mit insistierender Handbewegung melden und die Antwort oft einfach herausschreien. Auch wenn der Lehrer dies akzeptiert, muß er distanziert bleiben, denn noch ist die gewonnene Einsicht nicht durchdacht und geprüft.

Verifikationsphase: Um die Relevanz einer Antwort zu untersuchen, müssen in der Verifikationsphase Lösung und Problem einander gegenübergestellt werden. Die Kinder macht das oft ungeduldig, denn jetzt möchten sie schnell weitergehen. Es ist wichtig, daß der Lehrer sich zwar wohlwollend und ermutigend verhält, in der Sache aber kritisch bleibt. Jetzt wird die Kommunikation interpersonal: Subjektive Einsichten werden objektiv formuliert, damit sie der Außenwelt verständlich werden.

Tabelle 1: Die vier Phasen des kreativen Prozesses

Phase	Kommunikation	Verhalten	Rückmeldung
Vorbereitung	intra- und interpersonal	aktiv, aggressiv	stimulierend, herausfordernd
Inkubation	intrapersonal	gereizt, frustriert, unruhig	ruhig, verstehend, besänftigend
Einsicht	intrapersonal	Heureka!!	akzeptierend, doch distanziert
Verifikation	interpersonal	nervös, ungeduldig	kritisch, prüfend, ermutigend

Es wird oft gefragt, ob Lehren Kunst oder Wissenschaft sei. Ich glaube, es ist beides. Wenn in den ersten drei Phasen Lehrer und Schüler gemeinsam etwas erschaffen, ein neues Lernerlebnis formen, so ist die vierte Phase die wissenschaftliche, in der man kritisch denkt, prüft und testet. Der Begriff „hinausgeschobene Beurteilung“ wird durch die Einteilung in Phasen verständlich, ebenso die scheinbar paradoxen Gemütsverfassungen: einerseits die vollkommene Hingabe an das Problem (in den ersten drei Phasen), andererseits die kritische Beurteilung (in der vierten Phase). Der Prozeß erinnert an einen Porträtmaler, der bei der Wiedergabe einer Nase vollkommen auf diese Nase konzentriert ist, dann aber von der Leinwand zurücktritt, um zu prüfen, wie sie im Verhältnis zu den anderen Teilen des Gesichts und des ganzen Bildes wirkt. Diese scheinbar widersprüchliche Haltung, die Hingabe und rationale Kritik in sich vereint, findet sich auch in Nietzsches dionysisch-apollinischem Prinzip.

Kreatives Verhalten

Ich möchte hier neben der Frage nach Persönlichkeit, Produkt und Prozeß einen vierten Aspekt zur Sprache bringen, der aus meiner Sicht die künstliche Aufteilung der Kreativität integriert und ergänzt, nämlich das kreative Verhalten.

Kreatives Verhalten heißt für mich nicht, Grenzen zu sprengen, sondern ist das Wagnis, jeden Tag von neuem die eigenen Grenzen zu ertasten und mit den verschiedensten Alternativen zu erweitern. Es ist einem Spielverhalten vergleichbar, mit dem man sich innerhalb der Spielregeln individuelle Wege sucht, nicht nur, um zu gewinnen, sondern um des Spielprozesses und der Kommunikation willen.

Kreatives Verhalten ermöglicht es uns, uns selbst und unsere Umwelt immer wieder von neuem zu erfahren, und trotz Angst, Unsicherheit und Ungeschütztheit Beziehungen zu schaffen und Lösungen zu versuchen.

Um kreativ sein zu können, braucht der Mensch eine ermutigende Umgebung. Je kreativer und aufnahmebereiter er ist, desto mehr wird er es wagen, seine Begabungen einzusetzen – desto weniger Ermutigung wird er nötig haben. Aber selbst der Kreativste braucht Ansporn.

Die wichtigsten Voraussetzungen, damit sich Kreativität entwickeln kann, sind Freiheit und Sicherheit: Der Mensch muß spüren, daß er so akzeptiert wird, wie er ist, und daß er frei ist, seine Begabungen in jeder Situation zu aktivieren, ohne an Sicherheit einzubüßen. Eine weitere Voraussetzung ist Ermunterung. Es ist offensichtlich, daß eine Umgebung, die nicht herausfordert und nicht reagiert, ungeeignet ist, um Kreativität zu fördern, daß nur eine aufgeschlossene, reagierende Umwelt das Individuum zu kreativem Verhalten veranlassen kann. Aber nicht diktieren sollen Eltern und Lehrer, sondern anregen und Möglichkeiten schaffen, damit jedes Kind seinen Fähigkeiten intellektuell wie auch emotional entsprechend handeln kann.

Unter den vielen hemmenden Faktoren wird am häufigsten die Konformität mit der Umgebung angegeben. Man kann jedoch die Diskrepanz der angeborenen Fähigkeit zur Kreativität und der durch den Konformismus bedingten nicht-kreativen Leistung des Individuums durch eine gezielte Erziehung zum kreativen Denken verringern.

Kreativ denken heißt zuerst unkritisch, mit „hinausgeschobener Beurteilung“ Informationen aufzunehmen und sie erst nachher abzuwägen. Diese Denkart entwickelt sich durch Lernen zu einer Einstellung, die in jedem Lebensbereich angewendet werden kann. Während manche diese Art der Erziehung, die die ursprüngliche Motivation zur Kreativität zum Tragen bringt, in jedem Lebensalter für möglich halten, glauben andere, daß Kreativität erst beim Erwachsenen zur vollen Entfaltung kommt, da sie sich in der Wechselwirkung von angeborener Fähigkeit und Lebenserfahrungen herausbildet. Csikszentmihalyi (1990) glaubt, daß man zehn Jahre braucht, um etwas wirklich Neues auf einem bestimmten Gebiet zu schaffen.

Kreatives Verhalten ist ein Kommunikationsvorgang, bei dem sich das Individuum mit seiner Umwelt (der äußere Anreiz) und mit sich selbst (Aktivierung der eigenen Fähigkeiten als Antwort auf den äußeren Anreiz) auseinandersetzt, ein Prozeß, der sich durch unser ganzes Leben hindurch fortsetzt.

Kreatives Denken

Eine der Bekundungen kreativer Einstellung ist kreatives Denken. Wir „denken“, wenn ein innerer oder äußerer Reiz unsere Phantasie anregt; wir „denken“, wenn wir uns erinnern, wenn wir planen, wenn wir Gefühle ausdrücken wollen; wir „denken“, wenn wir meditieren, überlegen, ein Problem zu lösen versuchen, wenn wir das Gedachte formulieren möchten. Das alles ist kreatives Denken, zweipolige Aktivität zwischen Logik und Phantasie, Ergebnis intra- und interpersonaler Kommunikation. Es ist die zunächst subjektive Reaktion auf einen Stimulus, die zur objektiven Formulierung einer Wahrnehmung wird. Wir können uns diesen Vorgang als Balance einer Waage vorstellen (s. Abbildung 1, S. 40).

Kreatives Denken hält die Pole im Gleichgewicht und vereinigt die scheinbar gegensätzlichen Elemente.

Wenn wir Kinder beobachten, bemerken wir, daß sie uns vom frühesten Alter an die Antworten geben, die wir von ihnen er-

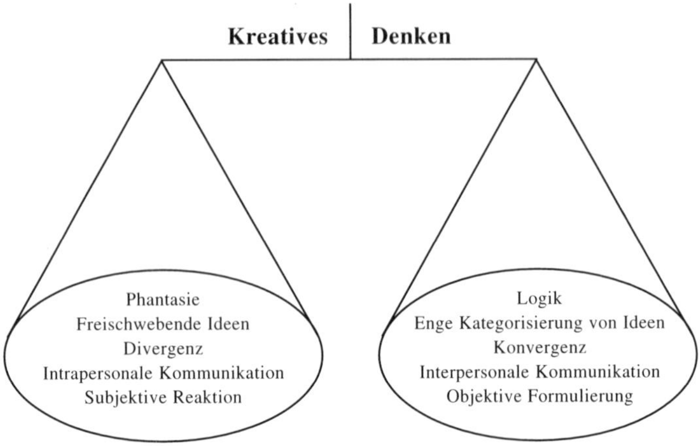

Abbildung 1

warten. Sie wagen nur das Sichere. Alles kreative Neue aber ist unsicher, und ein Kind, das den Status des „Vernünftigen und Klugen" hat, wird sich hüten, kreativ zu sein, um diesen Status nicht zu gefährden. Wozu das Risiko eingehen, nicht akzeptiert zu werden? Dieser Weg des geringsten Widerstandes, auf dem man sicher geht ohne Angst, zu versagen oder verlacht zu werden, ist im allgemeinen ein Hinweis auf tiefe existentielle Unsicherheit. Die größte Gefahr besteht darin, daß er zu mechanischem, konformem Denken führt und nur Lösungen im Gewohnten und Bekannten ermöglicht. Das bringt zwar Sicherheit, aber auch Unlust und Langeweile. Mechanisches Denken ist eines der größten Hindernisse für kreatives Denken und damit für die Möglichkeit, Neues zu entdecken und zu erleben.

Ein anderes Hindernis kann voreilige Kritik sein. Oft können sich ganz ungewohnte, ferne, auf den ersten Blick irrelevante Assoziationen bei näherem Hinsehen als die kreativsten erweisen. Freies Assoziieren bildet das „Rohmaterial" für kreatives Denken, während zu früh einsetzende Kritik an vermeintlich unsinnigen Gedankenverbindungen neue Entwicklungen im Keim erstickt.

Ein Beispiel: „Chanukka“ ist das jüdische Fest der Lichter, das in Erinnerung an den religiösen Sieg der Makkabäer über die Griechen gefeiert wird. Kindern wurde die Aufgabe gestellt, zu „Chanukka“ frei zu assoziieren. Die meisten antworteten mit: Licht, Sonne, Mond, Sabbathkerzen, Kerzenlicht. Diese Assoziationen sind ein Ausdruck von Ideengeläufigkeit, betreffen aber nur eine Kategorie, die des Lichts. Manche Kinder fanden die Assoziationen: Licht, Krieg, Trauer um gefallene Soldaten, und bekundeten damit Flexibilität, denn diese Begriffe beziehen sich auf verschiedene Aspekte: Licht, Geschichte, Gefühl. Ein Kind antwortet mit: Schornstein. Auf meine Frage, was ein Schornstein mit „Chanukka“ zu tun habe, erklärt es, daß der Schornstein des Kraftwerks von Tel Aviv gemeint sei. Die Assoziationen waren: Chanukka, Licht, Elektrizität, Kraftwerk, Schornstein – sehr weit hergeholt, aber relevant und sehr kreativ. Der „Schornstein“ lieferte auch noch die Analogie, daß das Kraftwerk uns Licht spendet wie seinerzeit die Öllampe den Makkabäern.

Manche Kreativitätsforscher sind der Meinung, daß eine Assoziation um so origineller sei, je weiter sie sich vom Ausgangspunkt entferne – solange sie dem Kriterium der Relevanz genügt. Originalität ist in diesem Zusammenhang sehr schwer einzuschätzen. Man kann vielleicht in einer Gruppe eine Antwort als originell bezeichnen, wenn sie die einzige in ihrer Art ist, aber in bezug auf das Kind sagt sie nichts über dessen Originalität aus. Wenn zum Beispiel Yossis Vater Chemiker ist, und Yossi uns die einzige chemische Assoziation bringt, ist sie für die Gruppe originell, weist aber nicht auf die persönliche Originalität Yossis hin.

Die Betonung der Originalität kann auch zu einem nichtkreativen Leistungsdrang führen und ist dann ein weiteres Hindernis auf dem Weg zu kreativem Denken. Die Motivation, um jeden Preis anders sein zu wollen, begegnet uns bei vielen begabten Kindern; dieses Bestreben aktiviert aber nur einen Teil des gesamten Potentials.

Kreatives Denken ist ein Eigenprodukt und deshalb so wertvoll. Es gibt keine logische Methode, neue Ideen zu erschaffen – oder eine logische Rekonstruktion eines kreativen Prozesses. Denn jede Entdeckung enthält ein irrationales Moment oder eine kreative Intuition (Popper 1968). Kreatives Denken erfordert das Wagnis, sich seinen Gefühlen zu stellen und Ängste anzunehmen. Es stellt einen Durchbruch aus dem engen Kreis in die „Spirale" dar, in der sich der junge Mensch von allen Seiten und aus verschiedenen Entfernungen sehen kann. Diese Befreiung ist der existentielle Gewinn kreativen Denkens.

Kreativität und Intelligenz

Die Kreativitätsforschung ist aus der Kritik an den üblichen Intelligenz-Meßverfahren entstanden, die gewisse der Kreativität eigene Merkmale nicht einbeziehen.

Hohe Intelligenz bedingt noch nicht Kreativität; Kreativität jedoch ist von einem bestimmten Maß an Intelligenz abhängig. Kreativität kann Intelligenz gleichgesetzt werden, nicht als Gegensatz, sondern als Ergänzung und Erweiterung des bisherigen Intelligenzbegriffs.

Die Forschung lehrt uns, a) daß divergentes, kreatives Denken zu den gleichen wissenschaftlichen Leistungen führt wie konvergentes, „intelligentes" Denken, und b) daß Lehrer ihre Schüler fast ausschließlich nach konvergentem Denken beurteilen und der „kreative" Schüler bei ihnen nicht sehr beliebt ist. Hier wird die Diskrepanz sichtbar, die zwischen der Kreativitätsforschung und der Anwendung ihrer Ergebnisse noch immer besteht. Wir haben gesehen, daß divergente Zugänge zu den Aufgaben das kreative Denken anregen, doch um solche Zugänge schaffen zu können, müßten die Lehrer entsprechend ausgebildet oder selber kreativ sein.

Intelligenz wird als die Fähigkeit definiert, Informationen zu sammeln und sie in unterschiedlichen Situationen zu gebrauchen. Kreativität baut auf dieser Fähigkeit auf, erweitert sie jedoch, indem sie neue Beziehungen *zwischen* den Informationen herstellt.

Intelligenz sucht die Antwort im Gelernten, in der engen Kategorie, aus der das Problem kommt, und gebraucht dabei konvergentes Denken, das zur „richtigen" (vorher bekannten) Antwort führt. Kreativität strebt mit divergentem Denken mehrere Antworten aus verschiedenen Wissensgebieten an. Solche interdisziplinären Lösungen sind vielleicht nicht „richtig" im obigen Sinn, aber eine kreative Antwort ist dann gültig, wenn sie neu und dem Problem adäquat ist und den Erfahrungs- oder Wissenskreis erweitert.

Intelligenz ermöglicht die *Anpassung* des Gelernten an verschiedene Situationen. Kreativität begnügt sich nicht mit Anpassung. Sie strebt danach, alle vorhandenen Potentiale der Situation entsprechend zu *verwirklichen.* In der Erweiterung des Intelligenzbegriffs – von der Anpassung (adjustment) zur Verwirklichung (actualization) – sehe ich einen der wichtigsten Beiträge der Kreativitätsforschung.

Aber leider wird eben in der formalen Erziehung das Schwergewicht noch immer auf die Intelligenz gelegt, auf das Ansammeln von Wissen in fixen, engen Disziplinen. Zu selbständigem Denken, zu richtiger Fragestellung, zu interdisziplinären Antworten wird nicht erzogen. Das Wagnis, in ungewöhnlichen Begriffen zu denken, wird nicht gefördert. Die Neugierde, die jedem Individuum gegeben ist, wird unterdrückt, konformes Denken belohnt und Originalität blockiert.

Am traurigsten erscheint mir die Folgeerscheinung dieser Erziehung: Dem Kind werden keine Mittel zur Verfügung gestellt, die es ihm ermöglichen könnten, sich kreativ mit den Problemen der Gegenwart und damit der Zukunft auseinanderzusetzen.

Intelligenzquotient und Kreativitätsforschung

Es ist überraschend, festzustellen, wieviel geforscht wurde, um zwischen IQ, Kreativität und Leistung zu differenzieren.

Der IQ, durch so viele Jahrzehnte der einzige Maßstab für Begabung, wurde durch die Forschungen von Gardner, Sternberg und Feldmann angefochten. Er sei viel zu begrenzt, um die Vielfältigkeit der Begabungen und Talente zu erfassen. Kreativität wird aber nicht mit dem IQ gleichgestellt, sie kommt nach dem IQ. Sie wird als etwas Spezifisches, Abgesondertes betrachtet wie z. B. Mathematik oder soziale Begabung, nicht als allgemeiner Faktor wie die Intelligenz.

Es gibt viele Talente und Begabungen, die keine hohe Intelligenz aufweisen. Eigenschaften, die in der Gesellschaft wichtige Beiträge bringen, wie Mut, Imagination, Inspiration, Erneuerung, kommen nicht im IQ vor. Kreativität hingegen ist der Faktor, ohne den selbst der hochintelligente Mensch keine Erneuerungen, keine interessanten Beiträge bringen kann.

Csikszentmihalyi sieht die Kreativität als Resultat einer Interaktion zwischen der Persönlichkeit, einem kulturellen und einem sozialen System: Erstens die *Domäne des Schaffens*, des Wissens mit ihren Regeln und Symbolen, zweitens die *Persönlichkeit*, die das Neue in den Bereich bringt und das *Feld* der Experten, die das Neue beurteilen und schätzen können.

Ohne Wissen in der Domäne unserer Interessen und ohne Förderung und Stütze der Leute im Felde unseres Interesses kann selbst der talentierteste Mensch wohl kreativ sein, aber keine Anerkennung finden.

Albert Einstein hätte es nie zu seinen Theoremen gebracht, wenn er das Fachgebiet nicht vollkommen beherrscht hätte; selbst der Funke seines Genies hätte nicht genügt ohne sein Wissen. Genauso wichtig war auch das Wissen der Experten, die seinen Beitrag anerkennen konnten. Das war die Tragödie der Einsamkeit Leonardos, der seiner Zeit voraus war, in der es niemand gab, der seine Neuerungen einschätzen konnte.

Jedes Gebiet hat seine spezifischen Forderungen, die ihrerseits von einer spezifischen Intelligenz bedingt sind (Gardner 1983). Die meisten dieser spezifischen Intelligenzen (wie z. B. die musikalische) kommen im IQ nicht vor.

Kreativität verändert einen Bereich durch das Neue, das die Persönlichkeit einbringt. Dazu braucht die kreative Persönlichkeit die Kooperation der Gesellschaft und die Anerkennung der Kulturagenten aus dem Gebiet, da nach Csikszentmihalyi der kreativste und begabteste Mensch zur sozialen und kulturellen Beurteilung seiner eigenen Kreativität nicht fähig ist. Er meint mit Recht, daß mehr getan werden muß, um diese Urteilenden zu erziehen und ihnen Kreativität, nicht nur Wissen, beizubringen.

Kreativität gehört zum menschlichen Wesen. Sie ist einfach da und ist eine Art, sich der Umwelt anzupassen, oder besser gesagt, auf die Umwelt den eigenen Fähigkeiten gemäß zu reagieren. Wenn wir die Kreativität der menschlichen Spezies aus prähistorischen Zeiten betrachten, könnten wir fast annehmen, daß der frühe Mensch seine eigene Kreativität als Herausforderung in sich selbst aufgenommen hat. Der Mensch hat sich selber durch die Kreativität fasziniert, daher Alberts Prägung des Begriffes Kreativität als Ur-Fähigkeit (1998).

Diese Fähigkeit, die zum Drang wird, ihre eigene Ordnung zu schaffen, kann auch Schlechtes bringen, wenn die Persönlichkeit nicht reif ist oder falsche Werte hat. Zeitgenössische Beispiele wären Hitler, Mussolini oder Stalin, die wohl Ordnung in ihren chaotischen Gesellschaften geschaffen hatten. Sehr bald aber wurde diese Ordnung intolerant, rigide, unterdrückend und xenophobisch.

So zieht sich durch die Geschichte ein ironischer Prozeß der Dialektik des Erfolgs, der These, die in sich selber die Antithese erschafft. Diese Dialektik in positivem Sinne zu lösen ist die ganz besondere Eigenschaft der begabten Persönlichkeit, jene „psychologische Androgynität“: zur gleichen Zeit zwei extreme, gegensätzliche Eigenschaften, Gefühle oder Gedanken anzunehmen und in sich zu balancieren, einerseits z. B. äußerst neugierig zu sein und auf der Suche nach Neuem und Interessantem, andererseits beharrlich und gründlich einer Sache nachzugehen, leidenschaftlich passioniert in einer Aufgabe aufzugehen und doch objektiv sich und die Aufgabe zu beurteilen.

Weitere Gegensätze dieser „psychologischen Androgynität", wie aggressiv und unterstützend, sensitiv und rigide, dominant und nachgiebig, maskulin und feminin, traditionell und ikonoklastisch, mutig und vorsichtig, zentrifugal und zentripetal, differenziert und integriert, können wir sehr oft bei unseren kreativen begabten Kindern sehen.

Besonders im Denken dieser Kinder können wir dieses Phänomen sehen. Ich nenne es das „Janus-Denken", wie der römische Gott Janus, der zwei Gesichter hatte und dadurch nach vorne und nach hinten sehen konnte. Sie können im gleichen Atemzug die These und die Antithese bringen. Diese Balancierung der Gegensätze macht die Interaktion mit dem eigenen Selbst und der Umwelt viel reicher, interessanter und schließlich auch kreativer.

In unserer Existenz haben wir doch alle dieses innere Ringen in uns zwischen dem Streben nach der Sicherheit, im Gewohnten wohlig eingebettet zu bleiben, was sehr bald zur Eintönigkeit und zur Langeweile werden kann, und dem Streben der Abenteuerlust, das Neue zu erleben, was nicht immer gefahrlos ist. Die Sicherheit ist durch den Selbsterhaltungstrieb und die Homöosthase bedingt. Die Abenteuerlust ist von der Neugier abhängig, zu entdecken, zu genießen und das Risiko auf sich zu nehmen. Das erste Streben bedarf kaum der Ermutigung. Das zweite kann verwelken, wenn es die Ermutigung und Anerkennung der Umgebung nicht hat, wenn die Neugier keine Herausforderung hat, wenn die Regeln der Umgebung so streng sind, daß keine Entdeckung und kein Risiko möglich ist. All das kann die Verwirklichung der kreativen Potentiale ersticken.

Ein hoher IQ ist kein Prädiktor für spätere Kreativität. Es wurde vielfach nachgewiesen, daß für Kreativität höhere Intelligenz (über 120) weniger bedeutsam ist als Persönlichkeits-

und Motivationsfaktoren. Kreative Menschen zeichnen sich eher durch außergewöhnliche Persönlichkeit aus als durch einen besonderen IQ (Simonton 1990, Feldman/Goldsmith 1996).

Begabung

In manchen Sprachen ist das Wort „Begabung“ von „Gabe, Geschenk“ abgeleitet. Im Hebräischen bedeutet das entsprechende Wort: begünstigt, begnadet sein mit, talentiert sein. „Gott hat mich begnadet, und es fehlt mir an nichts“, heißt es im 1. Buch Mose. Im englischen Begriff „gifted“ steckt wie im deutschen „begabt“ eine deterministische Vorstellung, was schon viele davon abgehalten hat, ihr Potential zu verwirklichen und ihre Gaben anderen zugute kommen zu lassen. Mit dem Begriff der Begabung berücksichtigen wir auch Kinder, deren Gaben weniger offenkundig sind, die sich aber in einem bestimmten Gebiet durchaus entwickeln und sich und anderen etwas geben konnen.

Nach Feldman (1979) hat jedes Kind sein eigenes Talent; das Ziel der Erziehung ist, dieses Talent so vielfältig wie möglich zu fördern (von diesem Ansatz bin ich zu Beginn meiner Arbeit mit begabten Kindern ausgegangen). Das heißt nicht, daß gleiche Chancen notwendigerweise zu Gleichförmigkeit in der Erziehung führen. Nicht alle Kinder wollen dasselbe zur selben Zeit und auf dieselbe Art lernen.

Ein gutes Erziehungssystem muß den Bedürfnissen des Kindes entsprechen, seine Potentiale fördern und Schwächen stärken. Aus meiner Erfahrung weiß ich, daß die Förderung der Potentiale das Kind stärkt und ihm hilft, Schwächen aus eigener Kraft zu überwinden (vgl. Beispiel Nir, S. 73).

Begabung ist nicht unbedingt gleichbedeutend mit Genie. Der große Geiger Isaak Stern hält sich selber nicht für begabt, sondern eher für talentiert. Seiner Meinung nach war Beethoven begabt, während er Beethovens geniales Werk lediglich mit Talent interpretiert. Ich würde das anders ausdrücken: Stern entwickelte sein Talent für Begabung, und das ermöglicht ihm, Beethovens Genie auf begabte Weise zu interpretieren.

Ich sehe drei verschiedene Ebenen: Talent, Begabung und Genie. Das Talent findet seinen Ausdruck in der Regel auf einem bestimmten Gebiet. Begabung ist dagegen ein Grundzug der Persönlichkeit eines talentierten Menschen, der es ihm möglich macht, sein Talent auch auf höhere Ebenen zu übertragen. Die Ausdrucksmöglichkeiten sind kulturell wie sozial gesehen erweitert. Genie schließlich ist ein seltenes Phänomen mit noch weit umfassenderen Ausdrucksmöglichkeiten, die Talent, Einsicht und/oder Ausübung der Begabung auch im internationalen Vergleich als Seltenheit erscheinen lassen (Landau 1984).

Ohne die Förderung von Talenten können Begabungen und Genialität sich nicht verwirklichen. Das gilt für Intelligenz im allgemeinen. Ein hoher Grad an Intelligenz gehört nicht zum Phänomen der Begabung. Nur durch einen bestimmten Entwicklungsprozeß wird aus Intelligenz Begabung.

Intellektuelle Begabung: erblich oder umweltbedingt?

Zwei Richtungen bestimmen nach wie vor die Erforschung der Intelligenz: der genotypische Ansatz, der von der Vererbbarkeit der Intelligenz ausgeht, und der phänotypische, der Umweltfaktoren für ebenso bestimmend hält wie Erblichkeit.

Francis Galton (1869), ein Vertreter des genotypischen Ansatzes, begann im vorigen Jahrhundert seine Suche nach dem vererblichen Genius, indem er die Biographien von hundert berühmten Persönlichkeiten wie Darwin, Bach und Newton untersuchte, um zu sehen, wie viele Geschwister und Nachkommen es in ihrer Familie gab. Selbstverständlich waren es nur männliche Angehörige, die er untersuchte. Er stellte fest, daß 23% der Brüder und 36% der Söhne dieser Persönlichkeiten ebenfalls außergewöhnliche Bedeutung erlangt hatten. Daraus folgerte Galton, daß die Genialität in der Familie liege und daher erblich sein müsse. Auch Terman (1925) wies darauf hin, daß die nächsten Verwandten der von ihm untersuchten Kinder ebenfalls überlegene intellektuelle Fähigkeiten besaßen. Terman schloß daraus, daß Hochbegabung etwas Angeborenes sei. Galtons Thesen wie auch die von Terman wurden von Eysenck, Jensen und in der letzten Dekade auch von Herrenstein und Murray aufgegriffen. Das führte zu der Überzeugung, daß Menschen aus wohlhabenderen gesellschaftlichen Schichten einen höheren Intelligenzquotienten haben als solche aus einer niedrigeren Schicht, nun aber nicht wegen einer an Möglichkeiten reicheren Umgebung, sondern wegen des ererbten genetischen Materials. So kam es bei Vertretern dieser Richtung auch zu der These, Weiße hätten aus genetischen Gründen einen höheren IQ als Schwarze.

Aber die Einsichten dieser genotypischen Ansätze sind nicht haltbar, wenn man bedenkt, daß Familienmitglieder nicht nur von den gleichen Genen, sondern auch von den gleichen Umwelteinflüssen geprägt werden. Ellen Winner bringt in ihrem Buch ein langes Kapitel über die Gen- und Zwillingsforschung bei Hochbegabten, das sie mit der Einsicht beschließt, daß die Forschung bis heute den Einfluß von Genen und Umwelt nicht klar auseinanderhalten kann.

Selbst wenn man davon ausgeht, daß Intelligenz und Begabung angeboren sind, läßt sich daraus nicht folgern, daß die Umwelt das genetische Material nicht beeinflussen kann. Angeboren heißt nicht, daß man daran nichts ändern kann!

Die andere Forschungsrichtung geht davon aus, daß Umweltfaktoren nicht weniger Einfluß auf die Intelligenz haben als Gene. Der Intelligenzquotient gilt als stark bestimmt von akademischem Wissen und der Fähigkeit, sich dieses anzueignen, von Leistungsstreben, verbalen und motorischen Fähigkeiten – alles Fähigkeiten und Eigenschaften, die von der kulturellen Umgebung bestimmt werden.

Piaget (1951) beschreibt Intelligenz als die Fähigkeit, Kenntnisse zu entwickeln und zu verarbeiten. So hänge z. B. der Bau eines Hauses von den Fähigkeiten des Bauarbeiters ab und vor allem auch von dem Material, das ihm zur Verfügung gestellt wird. Je stärker die Bedürfnisse des Individuums stimuliert werden, desto stärker reagiert es auch. Eine Umgebung, die angemessene Herausforderungen bietet, Anstrengung belohnt und zur Interaktion mit der Umwelt ermutigt, beeinflußt die Fähigkeit des Kindes, Kenntnisse zu erwerben und zu verarbeiten, und damit die Entwicklung seiner Intelligenz.

Anastasi (1976) geht davon aus, daß sich der Umgang mit Intelligenztests sehr gewandelt hat. Früher nahm man an, daß der Intelligenzquotient sich ein Leben lang nicht verändert, während heute bekannt ist, daß Intelligenz ein komplexer, aktiver Faktor ist, der sich verändern kann. Die Bewertung des IQ geschieht durch den Vergleich innerhalb von Altersgruppen. Prognosen der Ergebnisse von Intelligenztests sind in der Altersstufe von 12 bis 16 treffsicherer (0,86) als bei den 4–12jährigen (0,46).

Aus all dem müssen wir schließen, daß Intelligenztests als einziges Kriterium für Begabung nicht ausreichen und daß der Quotient als solcher vor allem bei kleineren Kindern nicht schon auf Dauer festliegt, sondern sich verändert. Die Intelligenz entwickelt sich im Lauf der Jahre; eine mögliche Erklärung dafür liegt im zunehmenden Einfluß der Umwelt auf die intellektuelle Entwicklung.

Anastasi entdeckte, daß Veränderungen in der Umgebung, etwa in der Familienstruktur (Geburt eines Geschwisterkindes, besondere Begabung von Bruder oder Schwester, Scheidung, Krankheit, Tod eines Elternteils), sich negativ auf die Entwicklung der kindlichen Intelligenz auswirken. In solchen Fällen kommt es oft zum Ansteigen des Intelligenzquotienten aufgrund einer positiven Intervention, etwa durch eine Therapie, welche die Persönlichkeit des Kindes stabilisiert. Es besteht auch eine hohe Korrelation zwischen gutem Zuspruch seitens der Eltern und Lehrer und den Leistungen eines Kindes beim Intelligenztest.

Kirk (1972) hat die Entwicklung von 300 berühmten Persönlichkeiten untersucht, die auf ihrem jeweiligen Gebiet Hervorragendes geleistet haben. Dabei fand er heraus, daß die meisten von ihnen in ihrem Interessengebiet Anregungen außerhalb des Schulsystems bekamen: Edison durch seine Mutter, Wernher von Braun durch einen Onkel, John Stuart Mill und Norbert Wiener durch ihre Väter. Kirk meint, Einstein und Edison hätten bei einem Intelligenztest sicher schlechte Ergebnisse erzielt, weil sie beide langsam waren und sich nicht gut artikulieren konnten.

Jarecky (1965) führt den Begriff der „sozialen Begabung“ ein und vertritt die These, daß der Intelligenzquotient nur etwa ein Zehntel all der Wesenszüge erfaßt, die Begabung im sozialen Bereich ausmachen. Andere Faktoren sind z. B. Beliebtheit bei Freunden, geistige und seelische Reife, Engagement für gesellschaftliche Probleme, Anregung und Organisation gesellschaftlicher Aktivitäten, Verständnis für Sozialpolitik, altruistische Zugangsweise, Bereitschaft, sich Problemen zu stellen, verbale Artikulationsfähigkeit, Ausdauer in sozialen Beziehungen, Einsichtigkeit und eine gute Portion Humor!

Getzels und Jackson (1962) untersuchten die Relation zwischen Intelligenz und Kreativität sowie zwischen divergierenden Erscheinungsformen der Kreativität und konvergierenden intellektuellen Fähigkeiten. Dabei fanden sie Folgendes heraus: bei zwei Gruppen von Kindern, deren IQ um 20 Punkte differierte, waren die akademischen Leistungen beider Gruppen gleich, wobei die Kinder mit dem niedrigeren IQ sehr kreativ waren.

Viele Fachleute behaupten, daß ein Intelligenzquotient von mehr als 120 bei kreativen Kindern und auch für die Prognose von Leistungen (einschließlich akademischer Leistungen) bei Erwachsenen keine Bedeutung hat. Bei manchen Erwachsenen mit akademischer Begabung gab es keine frühen Hinweise auf besondere Begabung. Andererseits gibt es Kinder, die zunächst intellektuell begabt sind und entsprechende Leistungen zeigen, aber als Erwachsene keine herausragenden Fähigkeiten haben.

Man muß zwischen Kindern mit hoher Intelligenz und solchen Kindern unterscheiden, bei denen sich schon früh eine besondere Begabung auf einem bestimmten Gebiet zeigt. Der Unterschied besteht zwischen denen, deren Begabung viel verspricht, und denen, deren Talente schon jetzt zum Ausdruck kommen. Frühe Leistungen sind die Folge bestimmter Fähigkeiten, die sich im Lauf der Entwicklung des Kindes noch ändern können.

Wenn eine zu frühe Konzentration auf bestimmte Fähigkeiten erfolgt, kann das zu intellektueller Beschränkung führen, die das Kind auf ein einziges Gebiet festlegt (wie es z. B. bei dem großen Schachspieler Bobby Fisher der Fall war). Wenn die Persönlichkeit nicht als ganze heranreift, kann sich die Veranlagung zu besonderer Begabung nicht entwickeln. Wenn ein begabtes Kind einen bestimmten Zusammenhang entdeckt, den andere nicht sehen, und es wagt, darauf aufmerksam zu machen, drückt es nicht nur intellektuelles Verständnis aus, sondern beweist auch den Mut, etwas Neues zur Sprache zu bringen, und macht sein Bewußtsein dieser Fähigkeit, seine Motivation und seinen Wunsch, sich weiter mit dem entsprechenden Thema zu befassen, deutlich. So kann das Kind sich jedoch nur verhalten, wenn ihm von seiner Umwelt ermöglicht wird, Wissen zu erwerben und seine Ideen zu artikulieren.

Wenn ein Kind in einer Atmosphäre von Freiheit und Sicherheit lebt, kann es seine Potentiale verwirklichen und bekommt den Mut und die Motivation, die es braucht, um sich weiteren Herausforderungen zu stellen. Kinder, die auf diese Weise an Selbstbewußtsein gewinnen, suchen neue Herausforderungen, die ihre Persönlichkeit und ihre Intelligenz weiter fördern. So kommt es also zu der Fähigkeit, aus eigener Erfahrung zu lernen.

Geschichtlicher Rückblick

1869 veröffentlichte Galton – einer der ersten, der auch auf die Bedeutung der Kreativität hinwies – ein Buch über Menschen, deren Denken besonders erfinderisch war und zog erste Schlüsse von ihren Fähigkeiten auf das Phänomen, das er Intelligenz nannte. Diese großartige Fähigkeit wurde in der folgenden Zeit jedoch als ausschließlich intellektuelle Größe angesehen. Terman hat in einer Veröffentlichung 1925 die Sichtweise dieser Fähigkeit weiter eingeengt und beschrieb Begabung ausschließlich nach Maß des Intelligenzquotienten und damit als meßbar durch einen Intelligenztest. Seine zentrale These in weiteren Untersuchungen war dann, daß der hohe Intelligenzquotient eines Kindes eine Prognose über seine Leistungen im Erwachsenenalter ermögliche.

Später wurde Begabung von Terman und anderen als ein hohes Maß an Intelligenz definiert, das sich bei 1 bis 2% der Kinder findet. Der Umgang mit dieser Begabung entsprach der Definition und bestand in der Forderung intellektueller und akademischer Fähigkeiten mit dem Ziel, sich Wissen anzueignen und einzuprägen.

In den 50er Jahren kam eine Auseinandersetzung über Intelligenztests in Gang. Es wurde kritisiert, daß diese Tests aussschließlich akademische Leistungen wiedergeben, andere Aspekte wie induktives Denken, sprachliche Verstehensmöglichkeiten, räumliche Wahrnehmung und mathematische Fähigkeiten jedoch vernachlässigen. Die Kritiker wiesen darauf hin, daß die Tests nicht die Fähigkeit erfassen, Verbindungen zwischen einzelnen Informationen zu entdecken, und auch nicht originelles Denken und andere Talente, die zu einer neuen Sicht der Dinge und neuen unkonventionellen Erfahrungen führen können. Guilford (1950 und 1967) verwendete den Terminus Kreativität und sah darin ein völlig anderes Phänomen als Intelligenz. Er arbeitete mit einem dreidimensionalen Modell geistiger Aktivitäten, dessen Faktoren nicht durch Intelligenztests gemessen werden können.

Passow (1955) definierte Begabung als das Vermögen, in irgendeinem Bereich, um den man sich bemüht – etwa Wissenschaft, Kunst, soziale Beziehungen – besondere Leistungen zu erbringen.

In derselben Zeit wurden 51 Begriffsdefinitionen von Begabung zusammengestellt (Newland 1955). 1971 übernahm das Erziehungsministerium der USA Marlands Definition (1972): Als begabt gelten Kinder, bei denen Experten hervorragende Talente und das tatsächliche wie potentielle Vermögen, besondere Leistungen zu erbringen, beobachtet haben und zwar in einem oder mehreren der folgenden Gebiete: allgemeine intellektuelle Fähigkeiten, spezifische akademische Kompetenz, kreatives Denken, Führungsqualitäten („Leadership"), künstlerische Fähigkeiten, psychomotorische Fähigkeiten.

1983 schlug Tannenbaum fünf bestimmende Faktoren vor: allgemeine intellektuelle Fähigkeiten, spezielle Fähigkeit, nichtintellektuelle Faktoren, Umweltbedingungen und – Zufall.

Aufgrund seiner Untersuchungen über begabte Erwachsene schlug Renzulli (1986) ein „Triaden-Modell" vor, das überdurchschnittliche Fähigkeit, Konzentration auf die Sache und Kreativität verbindet (s. Abbildung 2).

Abbildung 2:
Renzullis „Triaden-Modell"

Untersuchungen über Kreativität, die charakteristische Wesenszüge der kreativen Persönlichkeit einbezogen, trugen Wesentliches zur Erweiterung der Definition von Begabung bei. Passow (1988) und Tannenbaum (1983) nennen die Begabten Schöpfer (statt Konsumenten) von Kultur. Zur Begabung gehören Abstraktionsvermögen, divergierende Zugänge und die Fähigkeit zur kreativen Problemlösung. Getzels nennt diejenigen kreativ, die sich nicht nur für die Lösung von Problemen interessieren, sondern auch für die Herausforderung als solche.

In einer Phase seiner Untersuchungen zum Thema beschreibt Guilford eine kreative Persönlichkeit als jemand, der Umwege macht, um Probleme zu finden. Diese Beschreibung kann ich aus meiner Erfahrung mit Erwachsenen wie Kindern nur bestätigen (Landau 1973 u. 1985); ich habe darum geistiges und intellektuelles Wachstum als die Fähigkeit definiert, die kreative Frage zu stellen. Diese Frage führt den Betreffenden an die Grenzen seiner bisherigen Kenntnisse. Er muß dann entweder weiterdenken, um Alternativen innerhalb dieser Grenzen zu finden oder aber seine bisherigen Grenzen überwinden (vgl. das Kapitel „Die kreative Einstellung").

Sternberg und Davidson vertreten in einer Veröffentlichung von 1986 die These, daß wir Begabung nicht etwa erfinden oder entdecken. Vielmehr definiert jede Gesellschaft Begabung gemäß ihren Bedürfnissen, weshalb die Sichtweise sich denn auch je nach Zeit und Ort ändert. Es ist aber festzuhalten, daß es unabhängig von der jeweiligen Sichtweise um wichtige Potentiale geht, die in keiner Gesellschaft ohne Schaden brachliegen oder verloren gehen. Passow und Tannenbaum (1988) weisen auch darauf hin, daß die Definition von Begabung nicht nur zu ihrer Entdeckung führt, sondern auch zu Wegen, sie zu fördern, zu pflegen und zu ermutigen.

Wenn Begabung nur durch Intelligenztests erhoben werden soll, kann das in jeder Gesellschaft dazu führen, daß Talente ungenutzt bleiben. Die ausschließliche Bestimmung von Begabung durch solche Tests und daran orientierte Programme zur

Förderung von diesen gemessenen Potentialen kann zu einer sehr problematischen Beschränkung führen. Die darin liegende Gefahr wurde von Maslow (1966) in anderem Zusammenhang so beschrieben: Wenn man als Werkzeug lediglich einen Hammer zur Verfügung hat, sieht wahrscheinlich alles bald wie ein Nagel aus.

Feldman (1986) beschreibt Begabung als sensible Zufallskombination emotionaler, intellektueller und umweltabhängiger Faktoren. Die angemessene Ausgewogenheit zwischen diesen Faktoren zu finden, stellt nach meiner Sicht eine entscheidende Herausforderung für alle dar, die mit begabten Kindern arbeiten.

Begabung als interaktives System

Ich glaube, daß Begabung ein System korrelativer Beeinflussung zwischen der Eigenwelt eines Kindes und seiner Umgebung ist. Die Umgebung fordert die dem Kind innewohnenden Fähigkeiten (Intelligenz, Kreativität, Talente) heraus und fördert sie. Durch diese Interaktion wird das *Ich* des begabten Kindes gestärkt, und dadurch wächst sein Mut, etwas zu riskieren, sowie die Motivation, sich zu engagieren und durch Ausdauer etwas zu erreichen (s. Abbildung 3).

Die Seiten 1–3 und 2–3 des Dreiecks in Abbildung 3 repräsentieren die Eigenwelt des Kindes; die rechte Seite 1–2 die Umgebung (6). Die emotionale Unterstützung (2) durch die Umgebung (Freiheit und Sicherheit) stärkt das Ich (4), und daraus erwächst der Mut, vorhandene Fähigkeiten (3) zu nutzen. Während die intellektuelle Förderung (1) für Sinn und Information sorgt und einen Rahmen für Herausforderungen setzt, kommt von der Umgebung die Motivation (5) für das Kind, sein Potential umfassend zu verwirklichen. Auf diese Weise wie durch die wechselseitige Beeinflussung dieser Faktoren kann Begabung gedeihen.

Eltern und Lehrer können ein Kind fördern, indem sie ihm zu

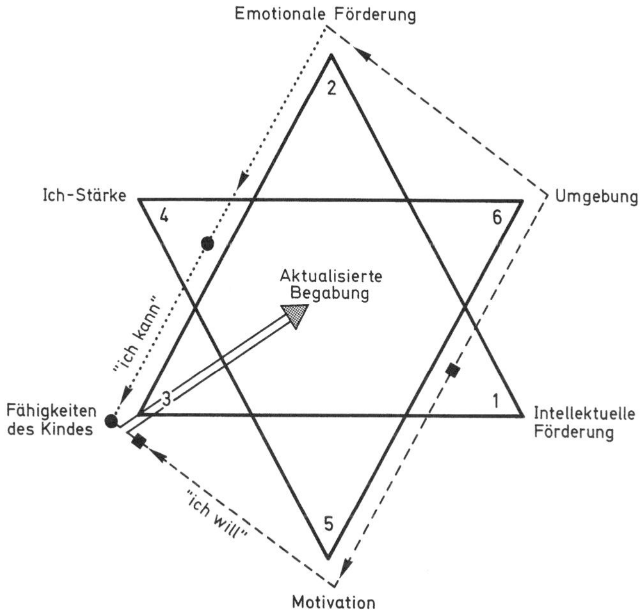

Abbildung 3:
Interaktives Begabungssystem

einem solchen Maß an Freiheit und Sicherheit verhelfen, daß das Kind die emotionelle Stärke bekommt, dazu zu stehen, daß es begabt sein **kann** (2–3, 6–4). Sie können das Kind intellektuell herausfordern und stimulieren, daß es begabt sein **will** (1–3, 6–5). Kognitive Stimulierung allein führt im Lauf der Zeit zu intellektueller Entwicklung, während die Persönlichkeit des Kindes als ganze unreif bleibt. Emotionelle ohne kognitive Stimulierung führt zu intellektueller Frustration. In beiden Fällen wird ein begabtes Kind seine Potentiale nicht verwirklichen. Nur das Zusammenspiel zwischen einer Umgebung, die emotionell wie intellektuell herausfordert, und den Fähigkeiten des Kindes führt zur Aktualisierung seiner Begabung.

Das begabte Kind

Es gibt eigentlich keine richtige Definition, was ein begabtes Kind ist. Es ist ein Kind, das sozusagen etwas mehr ist als andere Kinder. Es ist neugieriger, motorischer, abenteuerlustiger, selbständiger, lustvoller, kann Dinge besser aufeinander beziehen usw. Wenn seine Umgebung es annimmt, wie es ist, wird seine Begabung nicht zum Problem werden.

Als der 8jährige Gadi im Bibelunterricht über Mose als Führungspersönlichkeit sprechen sollte, sagte er, daß Mose eigentlich kein guter Anführer gewesen sei: Ein guter Anführer geht zum Volk, um zu erfahren, was es will, Mose aber sprach mit Gott und tat, was Gott ihm auftrug, ohne Rücksicht auf das Volk zu nehmen. Die Lehrerin sagte daraufhin, er sei gefragt worden, was in der Bibel über Mose stehe und nicht, was er darüber denke. Gadi kam nachdenklich nach Hause, sprach mit seinen Eltern darüber, die sein selbständiges Denken lobten, brachte am nächsten Tag als Hausaufgabe mit, was über Mose in der Bibel stand und fühlte sich weder unverstanden noch verletzt. Er hatte daraus gelernt, daß er in der Schule machen mußte, was von ihm verlangt wurde, nämlich die Antwort adäquat zur Frage zu geben. Seine eigenen Gedanken als Kommentar dazu konnte er jedoch mit seinen Eltern, seinen Freunden und bei uns in den Arbeitskreisen besprechen.

Der 9jährige Lior sollte etwas über die Beziehung zwischen König Saul und David schreiben, wie sie in der Bibel geschildert wird. Lior schrieb unter anderem, daß er Sauls Sohn nicht verstehe, der die Freundschaft zu David höher schätzte als die Loyalität zu seinem eigenen Vater und sich mit David gegen Saul verbündete. Lior bekam die Aufgabe mit dem Verweis zurück, daß der Sohn Sauls nichts mit der ursprünglichen Frage zu tun habe und er dafür eine schlechtere Note bekäme. Als er erschüttert nach Hause kam und es seinen Eltern erzählte, wurde er zurechtgewiesen: er solle aufpassen, was die Lehrerin von ihm verlange, damit er bessere Noten bekäme. Lior wollte am anderen Tag nicht in die Schule gehen, wurde von seinen Eltern aber dazu angehalten. Mit der Zeit entwickelte er verschiedene psychosomatische Schmerzen, die ihn daran hinderten, in die Schule zu gehen. Wenn er in die Schule ging, störte er viel, hatte eine schlechte Beziehung zu seiner Lehrerin, hielt vieles vor seinen Eltern verborgen und wurde immer verschlossener.

In beiden Fällen wurden die Kinder in ihrem selbständigen Denken in der Schule nicht akzeptiert. In Gadis Fall wurde dieses Denken nicht beeinträchtigt, weil er seelisch reifer war und weil seine Eltern ihn in seinem begabten Denken annahmen. Lior aber war trotz seiner emotionalen Einsicht über die Loyalität des Sohnes zum Vater seelisch nicht reif genug und wurde von seinen Eltern nicht ausreichend unterstützt, um das Mißverständnis mit der Lehrerin zu bearbeiten und Schlüsse daraus zu ziehen. Das Problem Liors war nicht seine Begabung, sondern seine mangelnde seelische Reife, die eigentlich die Unfähigkeit der Eltern widerspiegelte, das Kind zu stützen, es nicht nur intellektuell, sondern auch emotional anzusprechen.

Das größte Problem der begabten Kinder bis zum Alter von 10 bis 12 Jahren ist die Diskrepanz zwischen ihrer intellektuellen und emotionalen Entwicklung. Wenn sie als begabt gelten und immerzu Fragen stellen, die auf mehr Wissen aus sind, wird ihnen darin gern stattgegeben; einmal, weil sie danach verlangen, zum anderen, weil das im Grunde am leichtesten ist, und drittens, weil die Eltern die sofortige Befriedigung bekommen, die die Aufnahme von Wissen mit sich bringt. Die emotionale Erweiterung von Wissen durch das Kennenlernen verschiedener Aspekte derselben Sache ist einem Kind dagegen schwer zu vermitteln und wird darum von vielen Eltern unterlassen.

Auch Lehrer lassen sich gern von begabten Kindern mitreißen und geben ihnen die verlangte wissensbezogene Antwort. Denn es befriedigt sie sehr, neues Wissen von sich zu geben, und es ist leichter als verschiedene andere Aspekte einzubringen.

So entsteht die Diskrepanz – von einigen Forschern Asynchronie genannt – zwischen der intellektuellen und der emotionalen Entwicklung bei jüngeren begabten Kindern. Wenn sie älter sind, können sie sich die verschiedenen Aspekte selber aus Büchern und Gesprächen holen, aber es kann dann zu spät sein, da sie sich ihrer kindlichen Einstellung entweder nicht bewußt sind oder sich ihrer schämen.

Wenn ich hier von Problemen spreche, so heißt das nicht, daß ich das begabte Kind als problematisch ansehe. Für mich ist Begabung kein „Drama". Ich glaube, daß die Probleme der begabten Kinder nicht von dem herrühren, was sie sind, nämlich begabt, sondern von dem, was sie nicht sind: emotional so entwickelt wie intellektuell, tolerant, selbstbewußt usw. Wir können diese Asynchronie ausgleichen, indem wir emotionale Aspekte herausfordern und fördern, Spitzenleistung ein wenig hinausschieben, um Persönlichkeitsaspekte zu synchronisieren. Ohnehin glaube ich nicht, daß Spitzenleistungen ohne diese Balance möglich sind.

Die Eigenschaften des begabten Kindes

Ellen Winner wendet den Begriff „hochbegabt" auf Kinder an, wenn sie sich durch drei atypische Merkmale auszeichnen:

1. Sie zeigen Frühreife, frühentwickelte Fähigkeiten, und sind ihrem Alter voraus. Sie machen auch schnellere Fortschritte als normale Kinder, weil ihnen das Lernen leichtfällt.

2. Sie halten sich konsequent an ihr eigenes „Drehbuch". Sie lernen nicht nur schneller, sondern auf ganz eigene Art. Sie folgen ihren eigenen Vorstellungen und lernen in eigener Regie. Sie erfinden ihre eigenen Regeln und entwickeln eigene Methoden der Problemlösung. Sie sind wenig kreativ. Sie lösen Probleme auf eine für sie neue Art. Es ist noch nicht die ausgeprägte Kreativität, die ein ganzes Gebiet verändert (wie Schönberg die Zwölftonmusik). Um ausgeprägte Kreativität umsetzen

zu können, muß man mindestens 10 Jahre in einem Bereich gearbeitet haben, meint Winner (Simonton 1990, Gardner 1993).

3. Charakteristisch ist auch eine unbändige Wißbegierde, die intrinsisch motiviert ist, obsessives Interesse, hohe Konzentrationsfähigkeit und der Wunsch, eine Sache zu beherrschen. Sie erleben das „Flow“ (das „Strömen“ von Csikszentmihalyi), optimale Erlebniszustände, in denen sie sich intensiv konzentrieren und alles um sich herum vergessen. Eine wunderbare Mischung von obsessivem Interesse an einem Gebiet, verbunden mit der Fähigkeit zu lernen.

Da m. E. Kreativität die höchste Stufe der sozialen, intellektuellen, emotionalen und künstlerischen Funktion ist, sind für mich die Eigenschaften des begabten Kindes denen der kreativen Persönlichkeit sehr ähnlich. Wie in der Kreativität sind hinsichtlich der Begabung die Eigenschaften dieser Persönlichkeiten durch Beobachtung und auch durch eigene Schilderungen begabter Menschen bekannt geworden. Wir können hier außerdem die Beobachtungen aus unserer Erfahrung und unseren Forschungen mit vielen Tausenden begabter Kinder anschließen.

Eines der deutlichsten Kennzeichen des begabten Kindes ist die **Fähigkeit, Dinge und Gefühle aufeinander zu beziehen**. Wenn ein Kleinkind die Wagenmarke, die sein geliebter Onkel fährt, sieht und den Namen des Onkels ausspricht (während es den Namen der Automarke noch nicht aussprechen kann), weist das auf seine Fähigkeit hin, Dinge aufeinander zu beziehen. Diese Fähigkeit kann es später auch in Kunst, Wissenschaft und menschlichen Beziehungen sehr gut gebrauchen.

Das begabte Kind geht an alles, was es tut, mit **Lust** heran. Alles wird angepackt und ausprobiert. Wenn das dem Kind erhalten bleibt, trotz auferlegten Tuns und Lernens, kann es den Prozeß des Suchens nach Problemlösungen mit der gleichen Lust vollziehen, von anderen Freuden des Lebens, die man dann lustvoller genießen kann, ganz zu schweigen.

Zur Lust gehört auch das **Spielerische**, also die Fähigkeit, mit Ideen, Elementen und Wissen zu spielen, zu experimentieren und dadurch neue Beziehungen zu finden und andere Formen zu geben.

Das „naive" Auge (der Ausdruck wurde von Einstein gebraucht) ermöglicht es dem Kind, Dinge unbefangen und vorurteilslos zu beobachten und deren Einzigartigkeit zu erkennen. Das begabte Kind ist **neugierig**, will alles wissen und möchte alles ausprobieren, wie was wann geschieht. Ellen Winner nennt dieses Merkmal der Hochbegabten „unbändige Wißbegier". Diese Neugier wird zur Motivation zu forschen, zu schaffen, zu erleben und damit zu einer nie versiegenden Quelle des Interesses und der Bereicherung des Lebens.

Sensible Wahrnehmung und die Offenheit, Probleme zu erkennen, ist eine weitere Eigenschaft der Begabten. Der Gegensatz dazu wäre, mit Scheuklappen herumzugehen und keine Probleme wahrzunehmen. Begabte und kreative Menschen suchen Probleme. Sie sind offen und können **differenzieren** durch ihre Sensibilität, sie sehen das Gemeinsame und die Unterschiede und dadurch auch das **Humorvolle**. Diese kleinen Unterschiede bringen sie auf neue Probleme, die sie zu lösen versuchen. Sie ziehen **Komplexität** dem Einfachen vor.

Das Denken dieser Kinder ist, dank ihres **guten Gedächtnisses**, geläufiger (sie können Wissen und Assoziationen schneller abrufen), **flexibler** (sie können ein Problem von verschiedenen Aspekten her sehen), **origineller** (im ungewöhnlichen Gebrauch von Wissen und durch die Fähigkeit, unvorhergesehene Konsequenzen zu ziehen). Sie haben die Denkfähigkeit, Dinge und Wissen zu **kombinieren**, einen weiten Bereich zu **assoziieren**, zu **planen**, **Details auszuarbeiten** und durch **Redefinierung** neue Strukturen zu schaffen. Sie sind im allgemeinen viel organisierter und selbständiger im Denken. (Obwohl die Begabten in ihrem Denken sehr ordentlich und organisiert sind, kann ihr Zimmer sehr unordentlich sein, und sie neigen dazu, Dinge zu vergessen und zu verlieren, die ihnen nicht wichtig erscheinen).

Tabelle 2: Fähigkeiten des begabten Kindes

Perzeptive Fähigkeiten	**Denkfähigkeiten**	**Seelische Fähigkeiten**	**Verhalten**
„Naives Auge"	Imagination Assoziation	Wagemut	Spielerisch
Offenheit	Gutes Gedächtnis	Lust	Dominierend
Sensibilität	Geläufigkeit		Abenteuerlustig
Differenzierung	Flexibilität	Ausdauer	Akzeptiert Autorität nicht
Beziehungen sehen	Originalität	Ambiguitäts-toleranz	Akzeptiert enge Grenzen nicht
Humor	Kombination	Unabhängigkeit	Trotz
	Komplexität	Durchsetzungs-drang	
	Ausarbeiten		
	Organisiert		
	Selbständig		
	Redefinierung		
	Beurteilung hinausschieben		

Ihre **Imagination**, das Vorstellungsvermögen, ist sehr ausgeprägt. Es ist eine Art des Weiterentwickelns von erworbenem Wissen.

Allerdings gehört zu all dem der Mut, sogar **Wagemut**, Probleme zu sehen und an das Unbekannte, Abenteuerliche heranzugehen. Begabte Kinder haben im allgemeinen viel zu sagen, daher sind sie in ihrem Kreis sehr **dominierend**.

Sie reagieren empfindlich auf jede Begrenzung und **akzeptieren Autorität nicht**, was die Erziehung der Begabten sehr erschwert. Wenn sie noch sehr jung sind, können sie oft nicht versagen und wollen Dinge nicht tun, bei denen sie nicht sicher sind, daß sie darin gut sind. Das kommt daher, daß ihre seelische Reife der intellektuellen nicht entspricht. Im Lauf der Zeit ändert sich das, und sie lernen, auch Mißerfolge zu ertragen.

Begabte Kinder können, wenn sie auch seelisch reif sind, **Beurteilung hinausschieben**, bis sie das notwendige Material gesammelt haben, um erst dann abzuwägen. Sie haben **Ambi-**

guitätstoleranz und können verschiedene, manchmal auch gegensätzliche Situationen ertragen. Sie haben **Ausdauer**, d. h., wenn sie ein Problem beschäftigt, werden sie sich damit abgeben, bis sie die Lösung haben. Zu all dem kommt noch eine Portion **Trotz** und **Durchsetzungsdrang**.

Die in Tabelle 2 gesammelten Eigenschaften fanden wir bei unseren Begabten, d. h. natürlich nicht alle bei jedem. In manchen Fällen müssen wir daran arbeiten, daß wir gewisse Verhaltensweisen ändern.

Geschlechtsunterschiede

Wir haben keine wesentlichen Unterschiede zwischen Mädchen und Jungen gefunden, obwohl weniger Mädchen zu uns kommen als Buben. Dies ist ein Problem, das mich als Frau sehr beschäftigt. Ich glaube, daß es auch hier an den Eltern liegt, was sie aus ihren Kindern herausholen. Sie neigen dazu, von Mädchen weniger zu erwarten als von Jungen. Sie beschützen das Mädchen mehr als den Jungen. Die Buben werden zum selbständigen Tun und Denken, zu neuen Entdeckungen, Abenteuerlust angespornt, während den Mädchen alles aus dem Weg geräumt wird (Silverman 1986). Das fängt schon mit dem Krabbeln an – der Grundstein der räumlichen Intelligenz.

Es gibt einige Untersuchungen, die beweisen wollen, daß Jungen viel besser in Mathematik und die Mädchen besser in Sprachen sind. Diesen Unterschied schreibt man teilweise den geschlechtsspezifischen Unterschieden im räumlichen Vorstellungsvermögen zu. Diese Resultate in Amerika und Europa sind jedoch anders bei asiatischen Kindern (China, Südkorea, Japan). Erstens ist in Asien die Anzahl der Mädchen unter den Begabten höher als in Amerika und Europa, zweitens sind sie in Mathematik auf dem gleichen Niveau wie die Jungen. Spielt die Kultur da eine Rolle? Sind asiatische Eltern offener gegenüber mathematisch begabten Mädchen? Legen sie mehr Wert auf das visuell-räumliche Denken bei Mädchen wie auch bei Jungen?

Erwarten sie von den Mädchen die gleichen Leistungen wie von Jungen (Winner 1996)?

Bei 12jährigen stellten wir fest, daß Mädchen weniger neugierig sind als Buben. Das kann durch die biologischen Veränderungen beim Mädchen erklärt werden. Es ist mit seinem Körper beschäftigt und daher weniger neugierig auf die Umwelt. In diesem Alter sind Mädchen auch konformistischer als Jungen, da die Pubertät bei ihnen früher einsetzt und sie im Konformismus eine Orientierung in ihrer Unsicherheit sehen. Im allgemeinen akzeptieren Mädchen Grenzen viel leichter als Jungen, Mädchen empfinden die Atmosphäre zu Hause eher als demokratisch, während Jungen sie als autoritär empfinden.

Csikszentmihalyi (1993a) stellte fest, daß die naturwissenschaftlich begabten Jungen ein überdurchschnitliches Vertrauen in die eigenen Fähigkeiten zeigten, während es bei den naturwissenschaftlich begabten Mädchen im unteren Normbereich rangierte.

Zu anderen Forschungen wird bemerkt, daß Dominanz bei hochbegabten Jungen als Führungsfähigkeit, bei Mädchen hingegen als Herrschsucht betrachtet wurde. Begabte Jungen waren beliebter als die anderen Jungen, während die begabten Mädchen unbeliebter als die weniger begabten waren. Begabte Jungen wurden als lustig, klug und kreativ charakterisiert, während die Mädchen als launisch, überheblich, egozentrisch und herrschsüchtig beschrieben wurden. Merkmale der Spitzenleistung und Unabhängigkeit der Hochbegabten werden weit stärker bei Mädchen bekämpft als bei Jungen (Subotnik 1993a).

Wir haben für Mädchen bei uns Selbstbehauptungskurse eingerichtet, damit sie sich ihrer Fähigkeiten bewußt werden und es auch wagen, diese einzusetzen. Auch von Lehrern werden die Mädchen oft „selektiv" behandelt. Untersuchungsergebnisse zeigen, daß Lehrer antworten, wenn ein Junge im Unterricht ohne Erlaubnis laut spricht. Mädchen hingegen werden eher zum Schweigen aufgefordert. Außerdem wurde folgendes beobachtet: Wenn ein Mädchen und ein Junge sich gleichzeitig meldeten, um die Frage der Lehrerin zu beantworten, forderte diese den Jungen zum Sprechen auf. Als die Lehrerin nach der Ursache ihres Verhaltens gefragt wurde, begründete sie es damit, daß der Junge den Unterricht gestört hätte, wenn er nicht aufgerufen worden wäre. Das Mädchen hingegen paßte sich an.

Wir erleben es oft, daß Mädchen erst in unser Institut kommen, nachdem ihr jüngerer Bruder bei uns aufgenommen wurde. Beim Sohn sind die Eltern motiviert, einen Rahmen zu finden, der seine Potentiale fördern soll, aber bei der älteren Tochter nehmen sie es nicht so wichtig. So war es auch im Falle der 10jährigen Maja, deren 8jähriger Bruder zu uns gebracht wurde – ein wirklich begabtes, lebendiges Kind. Er kam nach Hause und erzählte viel über seine Entdeckungen und Arbeiten in unseren Kursen. Die Eltern kauften ihm kleine Experimentierbaukästen, Bücher und andere Sachen, die ihn in seinem Wissensdrang stärkten. Maja, die bisher immer mit ihm gespielt und ihm viel erzählt hatte, zog sich von ihm zurück. Als ihre Lehrerin bemerkte, daß Maja traurig war und im Lernen nachließ, sprach sie sie darauf an. Maja sagte ihr, sie könne wohl nicht besser lernen; ihr Bruder sei eben „das Genie im Haus“. Die Lehrerin ging der Sache nach und sandte Maja mit einer herzlichen Empfehlung zu uns. Und tatsächlich fanden wir Maja hochbegabt. Da sie körperlich sehr gut entwickelt war und in unseren Persönlichkeitstests auch Reife aufwies, empfahlen wir nach Beratungen mit der Lehrerin, daß sie in eine höhere Klasse kommen sollte. Die Eltern waren ganz erstaunt, daß Maja so begabt sei: Sie habe doch nie Probleme gemacht, habe immer getan, was von ihr gefordert wurde und sei nie unzufrieden gewesen. Sie hätten wohl bemerkt, daß sie sich in der letzten Zeit zurückgezogen habe, dachten aber, das wäre der Neid auf den begabten Bruder. Sie hätten sie daher sehr nachsichtig behandelt, was Majas Situation wohl nur verschlimmert hatte. Die Mutter, die selber die ältere Tochter in ihrer Erstfamilie war, deren Bruder sehr vorgezogen wurde, hielt es für selbstverständlich, daß Maja mit dem Bruder spielen und ihm helfen sollte.

Und Maja nahm die ihr aufgetragene Rolle an. Wir mußten in diesem Falle auch mit den Schuldgefühlen der Eltern arbeiten, damit sie Maja in ihrer Entwicklung durch diese Schuldgefühle nicht störten.

Bei begabten Mädchen ist die Gefahr groß, daß sie das Gefühl entwickeln, sie müßten ihre Befähigung verbergen, damit sie nicht in einen Konflikt zwischen Spitzenleistung einerseits und dem Wunsch nach Zugehörigkeit, Nähe und Akzeptanz in der Familie oder in der peer group andererseits geraten.

Besonders schwierig ist es für Mädchen, die ein sogenanntes „Sandwich-Kind" sind, d. h. wenn sie in der Familienkonstellation zwischen zwei Brüdern stehen. Der begabte ältere Bruder gilt als Vorbild, das Mädchen soll so begabt sein wie er. Das kann sehr schwierig sein. Noch schwieriger wird es, wenn der kleinere Bruder auch Zeichen von Begabung zeigt und er außerdem das verwöhnte Nesthäkchen ist. Dann ziehen sich die Mädchen ganz in sich zurück, und man muß tief graben, um ihre Potentiale hervorzuholen.

Wenn Mädchen die Jüngeren in der Familie sind, setzen sie sich besser durch, selbst wenn der begabte ältere Bruder dominant, intolerant und überheblich ist und der Schwester immer wieder sagt, wie dumm sie sei und daß sie nichts verstehe. Die Gefahr in diesen Fällen ist, daß die Kleine all ihre Energien darauf verwendet, der Mittelpunkt der Familie zu werden. Da sie es schwer hat, gegen den gescheiten und dominanten Bruder anzukommen, muß sie Mittel und Wege suchen, es anders als er zu machen, was zur Folge hat, daß sie ihre intellektuellen Fähigkeiten nicht entwickelt. So zum Beispiel die kleine Noa, die immer hörte, daß ihr Bruder Schwierigkeiten mit seinen Schulkameraden hat und mir erzählte, wie sie durch Charme und Geschenke Freunde gewann.

Im Gegensatz zu Noa erzählte mir die 7jährige Nira, wie sie Freundschaften schloß: „Als ich kleiner war, wollte ich, daß die anderen Kinder auf mich hörten; ich sprach sehr viel, sie waren aber nicht daran interessiert, und so hatte ich keine Freunde.

Mit der Zeit lernte ich, auf andere einzugehen, sie über sich sprechen zu lassen und ihnen gelegentlich auch etwas von mir zu erzählen. Da entdeckten sie, daß ich ganz nett bin, und wollten mich als Freundin haben." Nira war die Tochter eines älteren Beamtenpaares und wuchs in einer Familie auf, in der Frau und Mann gleichwertig kooperierten und das Kind auch in diesem Sinne erzogen.

Wenn Mütter bewußt Frauen sind, sich in der Ehe gleichwertig fühlen und ihren Töchtern die gleichen Herausforderungen wie ihren Söhnen stellen, dann wird es mehr begabte Mädchen geben. Der Lehrerberuf ist heute zum größten Teil von Frauen besetzt. Wenn die Lehrerin, die oft selbst Mutter ist, dem Mädchen als gleichwertiger Frau begegnet und ihm nicht a priori Fähigkeiten in Wissenschaft und Technologie abspricht, werden wir bessere Lehrerinnen, bessere Wissenschaftlerinnen und glücklichere Frauen haben. Wenn nicht, dann verurteilen wir Frauen uns selbst dazu, in einer Zukunft, die technologisch bedingt ist, noch inkompetenter zu werden als die Frauen um die Jahrhundertwende. Denn die Diskrepanz im Wissen zwischen Müttern und Söhnen, zwischen Frau und Mann wird immer größer werden. Die Fähigkeiten liegen in uns wie in den Männern, in Mädchen wie in Jungen, und jeder, der mit Begabten arbeitet, muß sich dessen bewußt sein, daß wir nicht nur die manifeste Begabung fördern sollten, sondern auch die latente, oft durch Erziehung und Vorurteile unterdrückte Begabung suchen müssen.

Es ist äußerst wichtig, sich mit diesen Problemen auseinanderzusetzen, denn mathematisches Denken ist nicht nur für die Mathematik wichtig. Mathematisch begabte Kinder übertreffen die sprachbegabten sogar in Spielen, in denen Wörter und Buchstaben kombiniert werden. Sie können Informationen leichter abrufen und lange Argumentationsketten besser handhaben.

Wissenschaftliche Leistungen werden von Frauen als Resultat von Hingabe, Ausdauer und Werten interpretiert. Von Männern wird die Intelligenz meistens als wichtiger Faktor gesehen

(Subotnik 1993b). Erfolgreiche Wissenschaftlerinnen begründen ihre Berufswahl mit Wißbegier, Idealismus und dem Einfluß ihrer Eltern in ihren Entscheidungen. Männer hingegen geben als Grund für ihren Einstieg in die Wissenschaft an, daß sie flexible Karrieremöglichkeiten, Unabhängigkeit und gutes Einkommen anstreben.

Subotnik (1993b) beschreibt die wissenschaftliche „Heldin" als hingebend, Widerstände bewältigend, mutig und kreativ. Sie ist der Ansicht, daß es mehr Wissenschaftlerinnen gäbe, wenn die wissenschaftliche Lehre kreativer wäre. Dazu auch Inamorato (1998).

Begabte Kinder außerhalb der Schule

Wir haben an unserem Institut einen Fragebogen entwickelt, mit dem wir unsere Kinder interviewen. Die Fragen geben uns die Möglichkeit, uns über das Kind zu informieren, aber zugleich sollen sie auch dem Kind und seinen Eltern Gelegenheit geben, über sich zu sprechen, über Dinge nachzudenken und sehr oft auch – da das Interview mit dem Kind und seinen Eltern stattfindet – mehr voneinander zu erfahren.

Im ersten Teil des Fragebogens geht es um Fragen zu den Eigenschaften des betreffenden Begabten, die sowohl das Kind als auch die Eltern beantworten. Das habe ich bereits in der Aufzählung der Eigenschaften am Anfang dieses Kapitels beschrieben. Im zweiten Teil fragen wir nach den sozialen Beziehungen des Kindes: ob es Freunde hat, ob es mit ihnen zufrieden ist (wenn nicht, warum), ob es eine Führungsposition in seiner Gruppe einnimmt. Wenn dem nicht so ist, warum? Weil es keinen Anführer in der Gruppe gibt, weil man das Kind nicht haben will oder weil es selbst nicht will?

Danach fragen wir nach den Beschäftigungen und Hobbies des Kindes außerhalb der Schule: Lesen (welche Art von Lektüre?) Freunde, Jugendorganisationen, Experimente, Denkspiele, Kreuzworträtsel, Bauen, Handarbeiten, Sammlungen, Sport,

Musik, Zeichnen, Tanz, Theater, Fernsehen. Zu letzterem fragen wir auch, was die Kinder vorziehen: Lesen oder Fernsehen. Weitere Fragen, die wie alle bisher genannten von den Kindern wie den Eltern beantwortet werden, befassen sich mit der Atmosphäre im Elternhaus: Wer bestimmt, wer was wie macht? Ist die Einstellung demokratisch, autoritär, permissiv?

Folgende Fragen werden nur vom Kind beantwortet: Ob seine Eltern es akzeptieren und mit ihm zufrieden sind. Ob die Lehrer es gern mögen und mit ihm zufrieden sind. Ob das Kind seine Lehrer mag und mit ihnen zufrieden ist. Ob seine Schulkameraden es mögen, ob das Kind sie mag. Ob es gern zur Schule geht, was es an der Schule mag. Welches Fach es besonders gern mag und welches Fach es haßt. Ob es sich im Unterricht gefordert fühlt, ob der Unterricht interessant oder nicht besonders interessant ist und ob es sich langweilt. Welchen Rahmen es sich wünscht: die Schule, in die es geht, höheres Niveau der Lehrer, Sonderklassen für Begabte oder einen ganz anderen Erziehungsrahmen (keine Schule). Die letzte Frage bezieht sich auf die Quellen seines Wissens: Schule, Eltern, Lesen, Fernsehen, Radio, Beobachtung, Erfahrung, Hören, Gespräche und Fragen.

Dazu kommen natürlich noch Fragen zur Entwicklung und zum Gesundheitszustand des Kindes, wann es zu lesen und zu schreiben begonnen hat, wie es sich mit seinen Geschwistern versteht, Fragen nach der Situation und der allgemeinen Atmosphäre im Elternhaus usw. Diese Fragen werden von den Eltern beantwortet.

Als wir nach 15jähriger Arbeit die Antworten insgesamt bearbeiteten, kam die große Überraschung. Entgegen aller Vorurteile, daß Begabte Probleme in der Schule haben und sich nicht wohl fühlen, antworteten 90%, daß sie sich von ihren Lehrern, 84%, daß sie sich von den Mitschülern angenommen fühlten. 70% sagten, sie gingen gern zur Schule. Bei denen, die nicht gern in die Schule gehen, fanden wir eine hohe Korrelation mit abwertenden Aussagen der Eltern über die Schule und das Schulwesen im allgemeinen.

Die Atmosphäre im Elternhaus wurde von 8- und 9jährigen als autoritär angesehen, mit 11 und 12 Jahren als demokratisch, mit 13, 14 dann wieder als autoritär. Wie oben schon angedeutet, empfanden Mädchen sie auch in diesem Alter als demokratisch. Bei keiner Altersgruppe wurde das Zuhause als permissiv eingestuft.

Was die Aktivitäten und Hobbies außerhalb der Schule anbetrifft, war Lesen bei 36% die Hauptbeschäftigung in der Reihenfolge Science Fiction, Abenteuerbücher, wissenschaftliche Bücher, Enzyklopädien, Biographien. Danach kamen Freunde, wissenschaftliches Experimentieren oder Basteln, Bauen, Schachspiel, dann Fernsehen und Radio, schließlich Sport und künstlerische Tätigkeiten (besonders bei den jüngeren Kindern). Als Hobbies (von den Kindern nicht differenziert von anderen Aktivitäten) gaben die Kinder unter 10 Jahren Sammlungen an (besonders Briefmarken). Ungefähr 25% zogen Lesen dem Treffen mit Freunden vor. Nur 10% mochten Sport nicht; das war bei den Kindern der Fall, die sich nicht stark genug fühlten und deren Eltern Sport nicht so wichtig fanden.

Als Quellen ihres Wissens gaben die meisten 5- und 6jährigen „Erfahrung", 7- und 8jährige das Elternhaus an. Ab 10 Jahren waren es Lesen (36%), Elternhaus (25%), Fernsehen (10%), Beobachtung, Erfahrung (6%). Nur 23% gaben die Schule als Wissensquelle an. Zur Frage, ob sie Lesen oder Fernsehen vorziehen, antworteten 47% Fernsehen, 39% Lesen, 14% hatten keine Vorliebe. Heute antwortet jedes zweite begabte Kind über 10 Jahre, daß seine liebste Beschäftigung das Internet sei.

Es ist verwunderlich, daß 10% Fernsehen und 36% Lesen als Wissensquelle angaben, aber 47% Fernsehen dem Lesen vorzogen. Doch wenn wir die Begründung ansehen, warum sie was vorzogen, wird das verständlich: Fernsehen wurde vorgezogen, weil es mehr Spaß machte, während Lesen als lehrreicher galt. Beim Fernsehen muß man nicht denken, während Lesen Denken erfordert.

Interessant ist an den Begründungen ihrer Vorliebe auch

noch, daß sie Fernsehen als von außen bestimmte Zeit ansahen, während Lesen mehr Freiheit im Umgang mit der Zeit bedeutet (man kann aufhören und wieder beginnen) und eine größere Auswahl an Themen bietet. Besonders nett fand ich die Begründung eines 13jährigen Mädchens, das Lesen vorzog: Im Buch können wir Seiten, die nicht so interessant sind, überspringen, wir können, wenn es besonders spannend ist, den Schluß vorab lesen. Ein gleichaltriger Junge, der Fernsehen vorzog, gab dafür folgenden Grund an: im Fernsehen können wir Filme für Erwachsene sehen und verstehen, beim Lesen ist dies schwieriger.

Wir haben unsere Einsichten bei den Begabten mit einer Kontrollgruppe von Normalbegabten verglichen und fanden einige signifikante Unterschiede. Mehr Begabte beschrieben sich als ehrgeizig, neugierig, ausdauernd und trotzig. Mehr Normalbegabte beschrieben sich als „ordnungsliebend". Als Wissensquellen sahen 68% der Normalbegabten und nur 23% der Begabten die Schule an; außerhalb der Schule war für die Normalbegabten Fernsehen, für die Begabten Lesen die Hauptaktivität. Das Elternhaus galt bei Normalbegabten seltener als autoritär.

Im Blick auf soziale Beziehungen gab es überraschenderweise keine signifikanten Unterschiede. 90% unserer Begabten hatten Freunde, 80% fühlten sich von ihren Freunden akzeptiert und 40% erlebten sich als Anführer ihrer Gruppe. Größtenteils bekamen sie diese Rolle durch Initiative, Organisation und persönliches Vorbild. Von den 60%, die sich nicht als Anführer sahen, sagte der größte Teil, daß sie es nicht sein wollten (davon wird noch im Kapitel über Führungsqualitäten und Verantwortung die Rede sein).

Manche begabten Kinder haben ein geringes Vertrauen in ihre sozialen Fähigkeiten, teils weil sie nicht so sehr an sozialer Interaktion interessiert sind, manchmal auch wegen schlechter Erfahrungen. Sie sind auch weniger beliebt und sogar isoliert.

Einige Wissenschaftler berichten, daß die Familienbeziehungen der Begabten sehr positiv sind und trotzdem kommt es zu einer sozialen Entfremdung. Ellen Winner behauptet, daß Begabte mit einem IQ über 160 auf keinen Fall Freunde unter den normal begabten Kindern haben, d. h., je höher der IQ, umso isolierter ist das Kind. Unsere Erfahrung ist anders.

Zugegeben, daß es in den letzten Jahren mehr isolierte Kinder unter den Begabten gibt. Es mag an der sehr zielgerichteten Gesellschaft liegen, den langen Stunden, die die Kinder vor dem Computer im Internet verbringen und sehr oft auch am persönlichen Beispiel der Eltern. Durch Herausforderung der Emotionen, durch Förderung der seelischen Reife haben wir vielen sehr hochbegabten Kindern helfen können, sich auch sozial zu stellen, indem sie anderen Kindern mit Offenheit und nicht mit Überlegenheit begegnen.

Wichtig ist es auch, Eltern und Lehrer zu beraten, wie sie Aktivitäten, z. B. Schulausflüge oder Entdeckungsspaziergänge, organisieren können, um dadurch dem Kind zu einem anerkannten sozialen Status zu verhelfen.

Die sozialen Schwierigkeiten des begabten Kindes, genetisch oder umweltbedingt gesehen, können durch Rat und Tat verändert werden. Das kann ich nach 30jähriger Erfahrung mit fast 35.000 begabten bzw. hochbegabten Kindern behaupten und verantworten.

Das Beispiel Nir

Nir kam als 7jähriger in unser Institut. Er hatte einen sehr hohen IQ. Beide Eltern waren Wissenschaftler. Sie erzählten uns, Nir hätte in der Schule große Schwierigkeiten. Er verbesserte häufig die Lehrer, oft mit Recht, und war dadurch sehr unbeliebt. Der Unterricht langweilte ihn sehr. Er sei ein wunderbares Kleinkind gewesen. Immerzu stellte er Fragen, die ihm die Eltern mit ihrem großen Wissen auch beantworteten. Seit frühester Kindheit sei er an Mathematik und Naturwissenschaften interessiert. In den Ferien nahmen die Eltern ihn zu ihrem Arbeitsplatz mit und Nir kannte fast alle naturwissenschaftlichen

Museen der Welt. Auf meine Frage, ob er auch ein Kunstmuseum kenne, von denen es in Israel viele gute gibt, antworteten die Eltern, daß sie daran kein Interesse hätten. Die Eltern beklagten sich besonders darüber, daß Nir überhaupt keine Freunde habe. Als ich die Eltern fragte, ob sie selber Freunde hätten, mußten sie die Frage verneinen (sie hätten keine Zeit dafür), aber sie wünschten sich, daß Nir Freunde habe. Ich versuchte, ihnen zu erklären, daß Kinder zunächst ihre Eltern imitieren, bevor sie ihren eigenen Weg finden.

In unseren Kursen war Nir sehr dominant und streitsüchtig. Wenn eine allgemeine Diskussion in der Gruppe zustande kam, unterbrach sie Nir mit der Bemerkung: „Ich bin hierher gekommen, um zu lernen und nicht, um dummes Zeug zu hören.“ War er aber an einem Thema interessiert, konnte er endlose Diskussionen mit dem Lehrer führen ohne Rücksicht auf die anderen, die weniger Interesse daran hatten.

Nach ungefähr drei Semestern in unserem Institut konnten wir eine leichte Veränderung in Nirs Benehmen feststellen. Nach etwas mehr als zwei Jahren sagten mir die Eltern, daß Nir sich auch in der Schule sehr gebessert habe. Während dieser zwei Jahre hatten wir oft mit Nir gesprochen und ihm gezeigt, wie er in unseren Gruppen und in der Schulklasse dem Lehrer mit seinem Wissen helfen könne, statt gegen ihn zu kämpfen. Er fühlte sich bei uns und in der Schule viel wohler. Wir haben es oft bei begabten Kindern erlebt, daß sie ganz zufrieden in ihrer Klasse sind, wenn sie ein oder zwei Mal wöchentlich mit anderen, ähnlich begabten Kindern zusammenkommen und unter ihnen nicht die Allwissenden sind, während sie in der Klasse die einzigen Gescheiten sind.

Wohl konnte Nir es inzwischen besser mit seinen Lehrern, aber er hatte noch immer Probleme mit seinen Schulkameraden. Sie würden nicht verstehen, was er sage, und er sei wiederum an dem, was sie zu sagen hätten, nicht interessiert. Er verachtete sie und gab es ihnen auch zu verstehen. Auch darüber sprachen wir oft, und er begann in unseren Kursen mit anderen Kindern zu sprechen, kam oft schon vor Kursbeginn und blieb auch hinterher noch, um mit dem einen oder anderen zu reden.

Im Alter von 11 Jahren kam er zu mir mit der Bitte, ein Semester bei uns auszusetzen, damit er mehr Zeit habe, sich Freunde unter seinen Schulkameraden zu suchen. Er hätte dabei gern meine „Supervision", indem er ein oder zwei Mal im Monat mein Feedback zu seinem Unternehmen bekäme. Er gründete nun einen Diskussionsclub – er hatte bei uns inzwischen diskutieren gelernt – für diejenigen, die kein Interesse an den üblichen Klassentreffen am Freitagabend hatten, bei denen man nur tanze und schmuse, wie er verächtlich sagte. Er fand sechs Interessenten, die sich jeden Freitag trafen. Nir bereitete die Themen der Diskussion vor. Zwei Monate lief es sehr gut. Im dritten Monat kam er wütend und frustriert zu mir, weil zwei Interessenten den Diskussionsclub verlassen wollten. Auf meine Frage, warum sie aufhören wollten, antwortete er ganz empört, daß auch sie ihre Diskussionsthemen einbringen wollten.

Nir fand das nicht gerecht, da er doch den Club gegründet hätte und er die Themen bestimmen wolle. Ich fragte ihn, was ihm wichtiger sei: das Weiterbestehen des Diskussionsclubs oder die Befriedigung, derjenige zu sein, der alles bestimmt. Er kam zur Einsicht, daß es ohne andere Interessenten keinen Diskussionsclub geben kann und er also nicht der alleinige Mittelpunkt sein kann. Wir sprachen über die Spieltheorie (sie wird im Kapitel über das Spiel näher beschrieben): Will er das Nullsummenspiel spielen, in dem einer gewinnt und der andere verliert, oder das Nicht-Null-Spiel, in dem alle gewinnen können? Intellektuelle Beispiele konnte er verstehen, denn darin war er stark und nicht bedroht, und er versuchte, sie dann auch emotional in der Praxis zu bearbeiten und anzuwenden. Er lud die zwei Kameraden mit ihrem Thema wieder in den Club ein, und es ging dann gut weiter.

Mit 12 Jahren beunruhigte es ihn allmählich, daß er noch keine Freundin hatte. Es gab eine neue Schülerin in seiner Klasse, die ihn vollkommen übersah. Ihm gefiel sie sehr, und was sie zu sagen hatte, war „sachgemäß“. Wie konnte er an sie herankommen? Ich riet ihm, herauszufinden, woran das Mädchen interessiert sei, um dann mit ihr darüber zu sprechen. Er erfuhr, daß sie Klavier spiele. Da Nir Geige spielte, brachte er ihr seine Noten mit und sprach mit ihr darüber, was er alles spiele und was ihm Musik bedeute. Er war sehr überrascht, daß das Mädchen nicht weiter darauf reagierte. Als ich wissen wollte, ob er sie auch nach ihrem Spiel und nach ihren Gedanken über Musik gefragt habe, mußte er zugeben, daß er viel zu aufgeregt war, um daran zu denken. Wir redeten nun über seine Art, immer nur von sich zu sprechen, ohne den anderen auch zum Zug kommen zu lassen und darüber, daß Geben und Nehmen die Basis von Freundschaften ist. Im folgenden Jahr hatte Nir sich eine nette, kleine Freundesgruppe geschaffen, zu der auch das betreffende Mädchen gehörte. Als ich zu seinem 13. Geburtstag eingeladen wurde, lernte ich diese Freunde kennen und erlebte, daß sie sich über sein Fest freuten, als sei es ihr eigenes.

Nirs Problem war nicht seine Begabung oder seine Intelligenz. Das war vielmehr seine Stärke. Das Problem war seine Schwäche: die Unfähigkeit, emotional auf seine Umgebung einzugehen. Seine Begabung half ihm, das Wissen seiner Eltern zu integrieren, aber damit übernahm er auch ihre nüchterne und sachliche Art. In unserem Rahmen konnte er erkennen, daß diese Art der Beziehungen seine Schwäche war. Seine Intelligenz brachte ihn zu der Einsicht, daß er sich ändern mußte. Daraus entstand dann auch die emotionale Motivation, sich zu ändern.

Ich möchte hier betonen, daß Nir nicht in Therapie war. Auch seine Eltern nicht. Die herausfordernden, bereichernden Kurse, die Atmosphäre, in der er sich angenommen fühlte, in der er seine Potentiale entwickeln konnte, die Beratungsgespräche mit ihm, mit den Eltern und manchmal auch mit seinen Lehrern stärkten ihn in seinem Selbst, seiner Eigenwelt, so daß er seine Schwächen zu sehen und zu überwinden wagte.

Ich versuche im Umgang mit intellektuell begabten Kindern zunächst, ihre Stärke zu unterstützen, damit sie selber ihre

Schwächen bekämpfen und überwinden können. Begabte Kinder haben also nicht wegen ihrer Stärke und ihrer Begabung Probleme, sondern wegen ihrer Schwäche. Das Problem ist nicht, was sie sind, sondern was sie nicht sind.

Forschungstendenzen zu Begabung und Kreativität

Ellen Winners Buch über Hochbegabung (1996) ist ein äußerst gründliches, informatives, belehrendes und auch sehr spannendes Werk. Ausgangspunkt sind neun falsche Vorstellungen (Mythen) vom Wesen der Hochbegabung, die Winner den unangezweifelten Annahmen einiger Forscher, Pädagogen und auch Psychologen zuschreibt.

Der erste Mythos: Intellektuell hochbegabte Kinder haben eine umfassende Kapazität, die für alle Schulfächer gleich begabt macht. Diese universelle Begabung, die mit Intelligenztests gemessen wird, kann nur selten eine allumfassende Befähigung sein. Es gibt viele Kinder, die in einem intellektuellen Bereich hochbegabt und normal begabt oder sogar lernbehindert in einem anderen Bereich sind.

Der zweite Mythos: Talent wird im Unterschied zur Hochbegabung auf musische Gebiete und Sport bezogen. Kinder mit ungewöhnlichen Leistungen werden als „talentiert“ etikettiert, während intellektuelle Fähigkeiten unter den Begriff „Hochbegabung“ gefaßt werden. Dieser Unterschied, meint Winner, ist vollkommen unbegründet, denn die Merkmale der Hochbegabung sind im musischen, musikalischen, sportlichen, mathematischen und sprachlichen Bereich die gleichen: Frühreife, Lernen auf eigene Art und unbändige Wißbegierde. Wohl ist ein hoher IQ für die musikalische Begabung irrelevant, aber auch diese Kinder sind auf ihrem Gebiet ihrem Alter voraus, lernen und sind konsequent in ihrer eigenen Art des Denkens und Tuns und haben eine hohe intrinsische Motivation, ihr Gebiet zu beherrschen.

Der dritte Mythos: Jede Hochbegabung ist von einem außergewöhnlichen IQ abhängig. Diese Annahme, behauptet Winner, wurde von Psychologen aufgestellt. Aber Intelligenztests messen ein eng begrenztes Spektrum menschlicher Fähigkeiten wie mathematisches und sprachliches Können. Begabungen auf dem Gebiet der Musik oder Kunst müssen sich nicht im Intelligenztest manifestieren. Das Gleiche gilt auch für den „idiot savant", der über außergewöhnliche bereichsspezifische Fähigkeiten verfügt, aber auf anderen Gebieten oder im Intelligenztest hinter seinen Altersgenossen zurückbleiben kann.

Der vierte und fünfte Mythos: Anlage bzw. Umwelt. Die landläufige Meinung, daß Hochbegabung angeboren sei, ignoriert den Einfluß der Umwelt auf die Entwicklung der Begabung. Diametral entgegengesetzt ist der von Psychologen vertretene Standpunkt, daß Begabung durch intensives, frühzeitiges Training durch Eltern und Lehrer bedingt ist, also das alleinige Ergebnis harter Arbeit. Diese Annahme wiederum ignoriert den genetischen Anteil, der von der Umwelt im begabten Kind vorgefunden wird. Die harte Arbeit ist die Folge der Begabung, der intrinsischen Motivation, die den Begabten antreibt zu üben, zu lernen, ein Gebiet zu beherrschen.

Sechster Mythos: Hochbegabte Kinder sind das Produkt ehrgeiziger Eltern, damit sich diese im Ruhm ihrer Sprößlinge sonnen können. Solche Eltern können durch den Druck, den sie auf ihr Kind ausüben, die Begabung zerstören. Die Eltern spielen eine wichtige Rolle bei der Förderung begabter Kinder. Einige Untersuchungen weisen nach, daß das Zuhause und die Familie die Entwicklung des begabten Kindes mehr beeinflussen als die Schule.

Siebter Mythos: Hochbegabte Kinder strotzen vor seelischer Gesundheit. Die Behauptung, daß Begabte anpassungsfähiger und überlegener in ihrer moralischen, seelischen und auch physischen Entwicklung seien, wurde von Terman 1922 aufgestellt. Sie steht im Gegensatz zu anderen Vorurteilen, Hochbegabte seien „nicht sportlich", „Einzelgänger", „Angeber" und „mit merkwürdigsten Interessen" ausgestattet seien. So wird das begabte Kind in der Gesellschaft entweder idealisiert oder abgewertet und abgelehnt.

Der achte Mythos besteht in der Annahme, daß alle Kinder begabt seien. Das heißt, daß alle Kinder gleich lernfähig seien und gewisse Stärken in bestimmten Bereichen aufweisen können. Dieser Egalitarismus, der von Lehrern vertreten wird, diskriminiert die Begabten, die unter Streß und Langeweile in der Schule leiden. Wie für die Schwächeren das Lernen ihren Bedürfnissen gemäß angepaßt wird, so sollte auch für die Stärkeren alles getan werden, um ihre Lernbedürfnisse zu befriedigen.

Der neunte und letzte Mythos besteht darin, daß hochbegabte Kinder berühmte Erwachsene werden. Ein hoher IQ und Kreativität werden von den Hochbegabten erwartet (obwohl Kreativität kaum gefördert wird), und es wird angenommen, daß sie bedeutende, erfolgreiche und kreative Erwachsene werden. Aber viele hochbegabte Kinder, vor allem sog. „Wunderkinder", „brennen aus" oder wenden sich von ihren Interessengebieten ab. Es gibt auch viele unter ihnen, die erfolgreiche Erwachsene werden, doch nichts Kreatives leisten.

Man kann nicht davon ausgehen, daß frühe Begabung, wie ausgeprägt sie auch sei, zwangsläufig zu herausragenden Leistungen bei den Erwachsenen führt. Dies hängt von vielfältigen, interagierenden Faktoren ab. Wohl ist die Begabung sehr wichtig. Faktoren wie das Elternhaus, Persönlichkeitszüge, Motivation, Gelegenheit und auch ein wenig Glück sind jedoch genauso wichtig, wenn nicht noch wichtiger.

Ich stimme mit Ellen Winner überein, daß es die genannten Mythen gibt, und ich wende mich wie sie gegen Psychologen, die diese Mythen größtenteils geprägt haben und weiter auf ihrer Gültigkeit bestehen, aber was noch ärger ist, nur das für real halten, was gemessen werden kann. Die Schwächen, die sich hinter diesen Aussagen verbergen, sind Engstirnigkeit, die sich nur auf vorgefertigte Maßstäbe stützt, und Einseitigkeit, die nur in Intelligenzbegriffen spricht, prüft und entwickelt. Diese Vorurteile stehen im Gegensatz zu dem, was Psychologie eigentlich anstrebt, nämlich den Menschen im Entwicklungsprozeß in seiner Ganzheit zu sehen, die ständig beeinflußt wird und ihrerseits beeinflußt.

Winner konzentriert sich in ihrem Buch auf die extreme Hochbegabung (die unter 10.000 Kindern vielleicht einmal auftritt) in zwei intellektuellen Bereichen (Mathematik und Sprache) und in zwei künstlerischen Bereichen (Musik und bildende Kunst). In diesen Bereichen bemerkt man viele begabte Kinder. Zum einen, weil sie eine große Anziehungskraft auf Kinder ausüben, zum anderen, weil sie von Regeln beherrscht und streng strukturiert sind, was es möglich macht, die grundlegenden Gesetzmäßigkeiten aufzuspüren. Sie stehen im Gegensatz zu Fachgebieten, die umfangreiche Detailkenntnisse erfordern und anderen Gebieten, die Beobachtungsgabe, Einfühlungsvermögen, Empathie und Führungsqualitäten erfordern. In diesen Sachgebieten wird Hochbegabung seltener festgestellt, da es kaum geeignete Maßstäbe gibt, sie zu erkennen und zu messen.

Ellen Winner möchte unbedingt beweisen, daß Hochbegabte ganz anders als alle anderen sind. Sie liebäugelt sehr mit der Gehirn- und Hemisphärenforschung. Ich habe aufgrund ihrer Andeutungen den leisen Verdacht, daß sie das Ergebnis erwartet, Begabung habe eine starke genetische, hirnorganische Komponente, durch die man Hochbegabung wird messen können.

Joan Freeman (1998), die im Auftrag der britischen Regierung über die gegenwärtige internationale Forschung einen sehr lehrreichen Bericht publizierte, stellt hingegen noch immer die gleichen Fragen, die wir uns seit gut drei Jahrzehnten stellen: Wer und wie sind die sehr Begabten (sie nennt sie „very able", die besonders Fähigen) und wie kann man sie erziehen? Von Definitionen und Identifizierungsarten über Denk-, Geschlechts- und Emotionsunterschiede zu den verschiedenen Formen der Programme (Akzelerierung, Bereicherung usw.) für Begabtenförderung kommt sie zu zwei sich überkreuzenden Vorschlägen: Mittels Differenzierung sollen die gelernten Inhalte den Fähigkeiten und Bedürfnissen des Begabten angepaßt werden. Durch Individualisierung sollen die Begabten selber größere Verantwortung für den Inhalt und das Tempo des Lernens erhalten.

Die Verantwortung von Behörden und Organisationen läge darin, den Begabten gutes Lernmaterial wie auch gute Mentoren zur Verfügung zu stellen. Denn wie Freeman es sieht, liegt das Hauptproblem der Erziehungsforschung zur Hochbegabung in der Interaktion zwischen den Potentialen des Kindes und den gegebenen Bedingungen, sie zu entwickeln.

1998 wurden einige prominente Kreativitätsforscher gebeten, ihre Aussagen über die kreative Hochbegabung darzulegen (Roeper Review, September 1998). Dabei wurde in erster Linie ein Paradigmenwechsel sichtbar („paradigm shift", wie es Feldman, 1992, nennt): Die Untersuchungen verschoben sich von psychometrischen Studien zu Beginn auf die Analyse der Leistungen herausragender Personen in der westlichen Kultur.

Gardner (1993) analysiert sieben Persönlichkeiten, von denen jede eine seiner sieben Intelligenzen repräsentiert: Albert Einstein: mathematische Intelligenz, Igor Stravinsky: musikalische Intelligenz, Pablo Picasso: visuelle Intelligenz, T. S. Elliot: verbale Intelligenz, Martha Graham: kinästhetische Intelligenz, Sigmund Freud: intrapersonale Intelligenz und Mahatma Gandhi: interpersonale Intelligenz.

Heute spricht Gardner noch zusätzlich von der naturalistischen Intelligenz und der existentiellen Intelligenz. In seinen Büchern über die Intelligenz spricht er immer wieder vom kreativen Durchbruch, der eigentlich vom Zeitgeist erst möglich gemacht wurde, aber zugleich auch zum Zeitgeist beigetragen hat. Er betont wie Csikszentmihalyi die Wichtigkeit der unterstützenden und fördernden Umwelt, die das Neue auch aufnehmen muß.

Csikszentmihalyi (1996) interviewte weltweit 90 berühmte Zeitgenossen aus allen Fachgebieten: Politiker, Schriftsteller, Historiker, Komponisten, Philosophen, Maler, Architekten, Wissenschaftler aus den Bereichen Biologie, Medizin, Physik, Chemie, Astronomie, Ökonomie, Psychologie und Sozialwissenschaften sowie Erfinder. Darunter waren auch 12 Nobelpreisträger. Er befragte sie über ihre Prioritäten in ihrer Karriere und im Leben, ihre menschlichen Beziehungen, Einflußpersonen, Kollegen, Familie, Arbeitsgewohnheiten, Einsichten, Konzentration, Dynamik und Ziele. Wie sie anfingen, wie sie sich entwickelten, wer sie noch beeinfußte und wie es heute um sie steht.

Simonton (1990), der seine Methode „Historiometrie" nennt, will durch die Retrospektive den Entwicklungsprozeß bedeutender Erwachsener, die zum größten Teil nicht mehr am Leben sind, analysieren und die Ergebnisse auf unsere begabten Kinder übertragen, um ihre Entwicklungsmöglichkeiten zu verbessern. Er beendet die Zusammenfassung seiner Arbeit mit sieben Fragen, die für jeden, der mit begabten Kindern arbeitet, sehr relevant sind:

1.) Worin besteht die Relevanz des Intelligenztests, wenn er weder die vielen Arten der Intelligenz noch die so wichtige Kreativität erfaßt?
2.) Welche Rolle spielen individuelle Persönlichkeitsunterschiede, und wie könnte man distinktive Profile als Indikator für die Realisierung kreativer Potentiale im Erwachsenen finden?
3.) Bis zu welchem Maße können wir vom angeborenen Talent der Genies sprechen?
4.) Wie weit ist die Geburtsordnung, d. h. die Stellung in der Familienkonstellation, für die Entwicklung der Kreativität von Bedeutung? Jahrzehntelang nahm man an, daß die Erstgeborenen die intellektuell Begabteren sind, in den letzten Jahren stellte man fest, daß die Jüngeren höhere Leistungen erreichen, besonders in der Kunst.
5.) Haben traumatische Kindheitserlebnisse einen Einfluß auf die Entwicklung der Kreativität bei den Erwachsenen? Terman (1925) und Bloom (1985) sprechen von den gutsituierten, ruhigen, stützenden und fördernden Familien, in denen berühmte Persönlichkeiten aufgewachsen sind. Andere Studien zeigen, daß der frühe Verlust eines Elternteils einen positiven Einfluß auf die Kreativitätsentwicklung ausübt (Goertzel et al. 1978). Ist es möglich, daß schwierige, herausfordernde Entwicklungswege zu höherer Kreativität führen?
6.) Welchen Beitrag leistet die schulische Erziehung zur kreativen Entwicklung? Viele der untersuchten Personen schilderten rückblickend ihre Beziehung zur Schule als schlecht, als kreativitätshemmend. War es die Schule? Waren es die Lernmethoden?
7.) Wie beeinflußt die Zugehörigkeit zu einer kulturellen Minorität, die als benachteiligt angesehen wird, die Kreativitätsentwicklung? Einige der Befragten gaben an, daß sie in dieser Situation gezwungen waren, kreativ nach neuen Wegen zu suchen, oder daß z. B. die Notwendigkeit, zwei Sprachen gleichzeitig lernen zu müssen, ihre Kreativität gefördert habe.

Die Postmoderne sieht Begabung als soziales Gebilde. Erklärt dieser Ansatz aber das Phänomen Einstein/Poincaré? Henri Poincaré, begabt von Kindheit an, war 1905 einer der bedeutendsten Mathematiker. Der 25 Jahre jüngere, noch unbekannte Albert Einstein, der sich in der Schule sehr schwer tat, verfaßte

1905 seine ersten bahnbrechenden wissenschaftlichen Arbeiten und wurde dadurch berühmt.

Poincaré hatte 1905 eine wesentlich fundiertere Position im gemeinsamen Wissensbereich als Einstein. Aber es war Einstein, der die Relativitätstheorie fand. Beide hatten einen ähnlichen warmen, stützenden Familienhintergrund, beide waren aber Einzelgänger. Beide spielten gern mit komplizierten Spielen und waren sich in ihrem hartnäckigen Denken ähnlich. Poincarés Familie war reich, die Einsteins arm.

Die Karriere Poincarés hatte sich planmäßig entwickelt, ohne besondere Hindernisse. Einsteins Karriere war bis dahin sehr schwierig. Die Artikel, die ihm den Ruhm brachten, schrieb er, als er Beamter im Berner Patentamt war. Waren es diese Schwierigkeiten, die ihn kreativ machten? Oder die ständige Auseinandersetzung mit seinen Lehrern?

Anhand der vielen Biographien über Einstein glaubt Miller (1998), daß Einsteins visuelle Art des Denkens dem Poincarés voraus war. Darf man daraus schließen, daß Armut bzw. Existenzkampf nicht hemmend sind und Erziehung zum visuellen Denken die Ausbildung der Begabung fördert?

Begabte Kinder und kreative Genies scheinen manchmal aus dem gleichen Holz geschnitzt zu sein. Und doch sind sie oft so sehr verschieden. Und das Traurige ist, daß so viele begabte Kinder keine begabten, kreativen Erwachsenen werden. Andererseits waren viele kreative Genies keine begabten Kinder. Erst viel später, in der Adoleszenz oder noch später, kam die besondere Gabe, der Funke des Genies und die Leidenschaft, die Passion für ihr Fachgebiet.

In dieser Entwicklungs-Diskontinuität sehen viele Wissenschaftler heute das Hauptproblem sowohl für die Erziehung von Begabten als auch für die Erforschung von Begabung.

Die kreative Einstellung zur Erziehung der Begabten

Das begabte Kind braucht Erziehungsprogramme, die Herausforderungen und Möglichkeiten zur Selbstentdeckung und zu unabhängigem Denken bieten, mit anderen Worten: eine Umgebung, die es ermöglicht, intellektuelles, emotionales und soziales Potential zu verwirklichen.

Jedes Lernerlebnis eröffnet den Zugang zu einer Welt, die größer ist als die des Ausgangspunktes. Diese Erfahrung wird nur in einer Atmosphäre von Sicherheit und Freiheit möglich. Mit Sicherheit ist hier eine Atmosphäre gemeint, in der das Kind es wagt, den Schutzraum des Bekannten zu verlassen, um Neues, Unbekanntes zu entdecken und also die Anreize der Umwelt aufzunehmen. Freiheit bedeutet, daß das Kind sich frei fühlt, es selbst zu sein und seine eigenen Fähigkeiten zu gebrauchen, und daß es wagt, auf die Stimuli der Umwelt gemäß seiner Potentiale zu reagieren. Diese Bedingungen werden die Offenheit zum Lernen fördern, neue Einsichten ermöglichen und eine Einstellung lebenslangen Lernens anregen. Dadurch wird das Ich des Kindes gestärkt, und es traut sich, mit seinem integrierten, bewußten Selbst – seinem Wissen, seinen Emotionen und seinen Fähigkeiten – mit der Umwelt Kontakt aufzunehmen.

Jedes Lernen hat zwei Aspekte, den spezifischen und den generellen. Während das Spezifische sich auf ein eng begrenztes Gebiet bezieht, und zwar zum großen Teil auf Inhalte, ist das Generelle auf jedes Gebiet übertragbar. Das Spezifische ist das **Was** und das Generelle das **Wie** des Lernens und Denkens. Der generelle Aspekt entwickelt sich im Laufe des Wachstums zu einer Einstellung. Bei der Erziehung der Begabten sollten wir darauf bedacht sein, eine kreative Einstellung zu ermöglichen, die zu diesem generellen Aspekt des Lernens gehört. Die kreative Einstellung – die allgemeine Basis für jeden kreativen

Prozeß in Wissenschaft, Kunst oder anderen Gebieten – ist der primäre Ausgangspunkt unserer Sicht der Erziehung.

Credo einer kreativen Erziehungsphilosophie

Individualität statt Konformismus: Wir versuchen bei jedem Kind zunächst, seine Fähigkeiten zu entdecken und herauszufordern. Wir ermöglichen ihm, sich so zu verhalten, wie es **kann** und nicht so, wie es **muß**. Ein Beispiel: Der sechsjährige Uri soll nicht mit seinen sechsjährigen Mitschülern verglichen werden, sondern Uri, wie er jetzt ist, soll mit Uri verglichen werden, wie er gestern war. Nur so können wir seine Individualität sehen und Konformismus vermeiden. Konformismus ist der Erzfeind der individuellen kreativen Entwicklung.

Vom Bekannten zum Unbekannten: Der Ausgangspunkt des Lernens muß in der gegenwärtigen Welt des Kindes liegen. Dies trägt zur Sicherheit des Kindes bei, sich von Bekanntem zu Unbekanntem vorzutasten. Wir fördern dadurch die Beteiligung des Kindes am Lernprozeß. Wissenslücken können zwar durch vergangenheitsbezogene Faktoren gefüllt werden, aber das ist erst möglich, wenn das Kind sich mit seiner Lebenserfahrung auf den Lernprozeß eingelassen hat. Indem wir von der Gegenwart des Kindes ausgehen, verringern wir auch die Diskrepanz zwischen dem vergangenheitsbedingten Wissen und der Zukunft, in der das Kind dieses Wissen dann tatsächlich gebrauchen wird.

Freude am Prozeß und nicht nur Leistung: Aufgabenstellungen werden zwar vom Lehrer vorgegeben, doch die Lösungen werden durch kreative Interaktion aller Teilnehmer erarbeitet, ausprobiert und dann formuliert. Durch diesen aktiven Prozeß kann jedes Kind seine Fähigkeiten, sein Wissen und seine Vorstellungskraft aktivieren und verstehen. Die Freude an der Leistung ist nur kurz, dagegen ist die Möglichkeit, Befriedigung aus dem Prozeß zu beziehen, eine unerschöpfliche Quelle der Freude.

Fragen und nicht nur Antworten oder Fakten zu lehren ist ein weiteres Ziel unserer Einstellung. Durch Fragen erwecken wir beim Kind zunächst Neugierde und seinen vielleicht latenten Wissensdrang. Zur Erweiterung von Wissen kommt es dann durch die Fragen der Kinder. Fragen von Kindern wurzeln nicht immer in ihrem Wissen, sondern oft in ihrer Phantasiewelt. Die vorzeitige Eliminierung der Phantasie im Lernprozeß hemmt daher das kreative Lernen und führt zur bloßen Ansammlung von Informationen. Lernen soll ein Prozeß sein, der durch aktiv angewandte Vorstellungskraft auf der Basis von Erfahrung und Wissen zur Bildung neuer Hypothesen führt. Fakten sind selbst in den exakten Wissenschaften irgendwann überholt, während durch die kreative Fragestellung der Weg gebahnt wird, sich jederzeit aktuelle Informationen zu verschaffen.

Interdisziplinäres, nicht nur eng kategorisiertes Denken: Unsere Priorität liegt bei einem ausgeglichenen Lernansatz. Frühe Spezialisierung soll bewußt und aktiv verhindert werden, weil wir davon ausgehen, daß begabte Schüler ohnehin dazu neigen, Spezialisten auf dem weiten Feld des Wissens und der Erfahrung zu werden. In der Wirklichkeit gibt es jedoch kaum Fragestellungen, die man durch enges, kategorisierendes und disziplinäres Denken lösen kann. Je mehr Komponenten wir einbeziehen und verbinden, umso kreativer wird unsere Denkweise. Dadurch können wir Bekanntes und Vertrautes hinter uns lassen und uns auf neue Wege begeben.

Wissenschaftler, Philosophen, Künstler und nicht zuletzt Psychologen studieren und erforschen den Menschen aus ihrer Sicht. Es ist jedoch die Aufgabe von Erziehern, die Beziehungen zwischen den einzelnen Disziplinen so herzustellen, daß sich der Schüler zum kreativen Individuum entwickelt. Er soll lernen, seiner Umwelt offen und vorurteilslos zu begegnen, die verschiedenen möglichen Zugänge zu erwägen und Zugänge aus verschiedenen Bereichen seiner Erfahrungswelt heranzuziehen. Das bedeutet praktisch, daß der Schüler Assoziationen aus anderen Lehrfächern zum vorgegebenen Problem heranzieht oder dieses neue Problem mit anderen bereits gelernten (d. h. erfahrenen) in Beziehung bringt.

Orientierung an der Zukunft und nicht nur an der Vergangenheit ermöglicht es, dem Wissen des Kindes mit Hilfe aktueller Ereignisse im Bereich von Wissenschaft und Gesellschaft eine Zielrichtung zu geben. Wir können zwar die Zukunft nicht lehren, aber wir können die Gegenwart, mit der die Kinder spielen, entdecken; wir können planen, Entscheidungen treffen und uns so die Zukunft vorstellen. Wir müssen dazu weder neue Curricula schaffen noch das ganze Unterrichtswesen revolutionieren, sondern nur einige Fragen an neu erworbene Informationen anhängen: Wie machen wir weiter? Wohin kann uns das führen? Was bleibt noch ungeklärt? Was bleibt euch, die ihr nicht nur die Schüler von heute, sondern auch die Erwachsenen von morgen seid, hier noch zu erforschen? Durch solche Fragen und darauf folgende Gespräche können wir die Kluft zwischen Vergangenheit und Zukunft verringern, indem wir über die Gegenwart sprechen. Wir fordern die Kinder dadurch zum Lernen und Forschen heraus, indem wir ihnen ihren Anteil an der Kontinuität menschlichen Denkens und Tuns zusprechen. All dies könnte zu einer zukunftsorientierten Erziehung beitragen. Daß Kinder daran Interesse haben, beschreibe ich im Kapitel „Die kreative Fragestellung".

Lernen durch Spiel: Dazu gehört die Ermutigung, mit Begriffen, Ideen und Materialien zu spielen und es zu wagen, sie in neuen unterschiedlichen Formen zu kombinieren. Das Kind hat bis zu seinem ersten Schultag alles durch Spielen erlernt. Wenn es aber in die Schule kommt, wird ihm sehr deutlich gemacht, daß hier gelernt und draußen gespielt wird. Das Spielen ist jedoch ein wichtiger Teil des Lernens, bei Kindern wie auch bei Erwachsenen. Wenn wir mit Kindern spielen, schaffen wir die

Voraussetzung einer Entwicklung zum spielerischen Erwachsenen, der experimentiert, ohne sich allzu ernst zu nehmen, der aus Fehlschlägen lernt und es wagt, neu zu beginnen. Wir legen so das Fundament für den kreativen Zugang zum Leben.

Im Spiel lernt das Kind, daß es Regeln gibt, die, wie oft auch im Leben, für alle gelten; es lernt aber auch, daß es in diesem eingegrenzten Rahmen verschiedene Möglichkeiten und Alternativen gibt. Dieser Gedanke wird im Kapitel „Das Spielmodell in der Umwelt der Begabten“ weitergeführt.

Erziehung durch Spiel schafft eine aktive, dynamische Lernumgebung und ist daher eine in sich hochmotivierende Unterrichtstechnik. Bei kulturell unterentwickelten Kindern können wir die ihnen eigene Passivität abbauen, indem wir ihnen ermöglichen, durch das Spiel ungewohnte Situationen risikolos zu erproben. Für begabte Kinder ist Lernen durch Spiel herausfordernd, da sie mehr Potentiale als in jeder anderen Lernmethode aktualisieren können: Phantasie, Intuition, Spontaneität, Humor, Gefühle und selbstverständlich Wissen.

Soziales und nicht nur individuelles Denken wird angestrebt, damit das Zugehörigkeitsgefühl der Kinder gestärkt wird und sie höhere Werte als individuelle Erfolge entdecken. Dadurch, daß wir zum Beispiel im Mathematikkurs soziale Probleme ansprechen, um sie mit Hilfe der Wissenschaft zu lösen, und indem wir soziales, politisches Denken herausfordern, festigen wir bei den Begabten, die im allgemeinen sehr individualistisch eingestellt sind, das Bewußtsein sozialer Verantwortung. Dies, so glauben wir, ist im Interesse des individuellen wie auch des sozialen Wohles.

Wann sind Begabte nicht kreativ?

Lernen entsteht aus einer Wechselwirkung zwischen dem Lernenden und seiner Umgebung. Diese kann einen einschränkenden oder einen fördernden Einfluß auf den kreativen Prozeß ausüben, dessen Ziel die Entwicklung einer lernfähigen Persönlichkeit ist.

Ein heranwachsendes Kind muß die Gelegenheit haben, seine heranreifenden Fähigkeiten auch auszuprobieren und seine Potentiale zu aktualisieren. Dadurch werden dem Kind seine Fähigkeiten überhaupt erst bewußt. Es gewinnt Sicherheit im Umgang mit ihnen. So wird auch sein Selbstbewußtsein gestärkt. Ohne die Förderung von Selbstbewußtsein und Selbstvertrauen könnte es dazu kommen, daß das Kind sich vor Erkenntnis fürchtet und also Angst hat, an neue Probleme heranzugehen. Statt seine potentiellen Fähigkeiten zu entwickeln, würde es sie um der Konformität willen bekämpfen. Konformität bietet zwar eine Scheinsicherheit, sie ist jedoch der größte Feind von Erfindungen, Schöpfungen oder Veränderungen jedwelcher Art, d. h. sie behindert individuelles und einzigartiges Wachstum. Um der Sicherheit der Konformität willen wird nur riskiert, was maximalen Erfolg garantiert.

Wenn die Norm der Umwelt es verlangt, konform, d. h. wie alle anderen zu sein, so wird das begabte Kind sehr bald seine kreativen Fähigkeiten unterdrücken, um von der Gesellschaft akzeptiert zu werden. Orientierung an den Altersgenossen (peer orientation) bedeutet, nicht von der Konformität abzuweichen. Die Angst, anders zu sein als die Gruppe, verdrängt das Bedürfnis, die Umwelt selbst zu entdecken. Viele möchten deshalb gar nicht begabt sein, weil sie sich nicht von den anderen abheben wollen. Ihnen ihre Möglichkeiten bewußt zu machen und diese entwickeln zu helfen, ist eine Aufgabe der Erziehung zur Kreativität. Die Individualität des Schülers soll herausgestellt und gefördert werden; gerade die Fähigkeiten, durch die er sich von den anderen unterscheidet, brauchen Unterstützung.

Im Zwang zur Konformität und zur Anpassung liegt vielleicht auch der Grund, warum es weniger begabte Mädchen als Jungen gibt, da Mädchen sich eher in die geschlechtsspezifische Rollenverteilung hineinzwingen lassen, die einen gravierenden Teil des Konformitätsdrucks ausmacht. Obwohl man davon abgekommen ist, in jeder Begabung etwas Verrücktes zu sehen, wird Divergenz doch immer noch mit „Anomalität" gleichgesetzt. Mädchen eher noch als Jungen kommen sehr bald darauf, daß die Konsequenzen divergenten Verhaltens selten erfreulich sind. Daher verbrauchen sie ihre Energie zur Bekämpfung ihrer sogenannten Schwächen statt zur Entwicklung ihrer Begabung. Wir können ihr Selbstvertrauen stärken, indem wir ihre Ideen anhören, auf sie reagieren, ihnen ihre Divergenz klarmachen und sie ermutigen, diese weiterzuentwickeln. Ganz wichtig ist es, Mädchen dazu zu verhelfen, daß sie sich selbst behaupten (s. das Kapitel „Das begabte Kind").

Viele begabte Kinder erreichen die Aktualisierung ihrer Potentiale nicht, weil sie die verlangte Leistung mit Leichtigkeit erreichen und keine Herausforderung mehr sehen, deretwegen sie weiterlernen sollen. So führen Fähigkeiten, die ungenützt bleiben, weil sie nicht genügend stimuliert wurden, oft dazu, daß der bessere Schüler auf den mittleren Durchschnitt herabsinkt. In extremen Fällen kann es sogar dazu führen, daß das Kind die Lust verliert, überhaupt zur Schule zu gehen. Andererseits können Kinder, für die die Ziele zu hoch angesetzt sind, von einem Gefühl der Impotenz erfüllt werden, so daß sie sich gar nicht mehr bemühen, die Leistung zu erbringen. In beiden Fällen werden Potentiale nicht realisiert, was für einen Heranwachsenden schwerwiegende Folgen haben kann: Seine Orientierung wird immer auf das Produkt und nicht auf den Prozeß gerichtet sein. Dies führt zu einem dauernden Streben nach neuen Errungenschaften ohne die Fähigkeit, schon den Weg dahin als befriedigend zu erleben. Seine Fragen werden nur ein einziges Ziel kennen: Was habe ich davon? Das sind die zukünftigen Prestigejäger.

Der nur zur Leistung erzogene Mensch wird sich weigern, Mißerfolge zuzugeben oder aus seinen eigenen Fehlern zu lernen. Dabei lernt man manchmal mehr aus Fehlern als aus Erfolg. Ein solcher Mensch hat keine Möglichkeit, Fehlschläge zu akzeptieren, da er nicht die Handlung als besonders wichtig betrachtet, sondern nur das Produkt, das ein Mißerfolg war. Wir kennen immer nur die einzelnen Erfolge und wissen nichts von den unzähligen mißlungenen Experimenten des Wissenschaftlers. Ein Wissenschaftler braucht für seine Forschungsarbeit jedoch sehr viel Bescheidenheit und die Fähigkeit, Mißerfolge zu ertragen. Das muß im frühesten Alter gelehrt werden. Der eigentliche Wert dieser Erziehung liegt darin, daß das, was getan wird, mit Freude und Hingabe geschieht.

Der 10jährige Uri war nur an Mathematik und Geographie interessiert. Von Geschichte und Literatur wollte er überhaupt nichts wissen. Wir versuchten daher, durch Landkarten sein Interesse an der Geschichte des Volkes zu erwecken. Durch Berge und Flüsse lernte er Tiere und Pflanzen kennen und die natürlichen Grenzen und damit die Voraussetzungen, die militärische Eroberungen erleichtern oder erschweren. Anhand der Bodenschätze oder Mangel daran lernte er, die Gründe für Eroberungen, die ökonomische Entwicklung usw. zu verstehen. Um sein Interesse an Literatur zu wecken, fragten wir ihn nach dem Lesen einer Geschichte nach der Anzahl der Substantive, Verben und Adjektive. Eine große Anzahl von Verben zeigte auf Handlungen, viele Adjektive wiesen auf Beschreibungen. Durch solche Analysen fand er Zugang zum Text, den wir dann mit ihm weiter ausbauen konnten.

Voraussetzungen zur kreativen Begabtenförderung

Die kreative Einstellung zur Erziehung strebt eine lebendige Beziehung zwischen den flexiblen menschlichen Fähigkeiten und den Herausforderungen und Bedürfnissen einer sich ständig ändernden Welt an. Das heißt, daß die Kenntnisse und das Wissen über die gegenwärtige Kultur nicht durch das Einpauken unumstößlicher Fakten oder durch gieriges Ansammeln von Wissen, sondern unter Ausnutzung der kreativen Wechselwirkung durch Erforschung erworben werden sollten. Die bewußte Erkenntnis von Einzigartigkeit sollte an die Stelle engherziger

Konkurrenz treten. Für uns bedeutet die kreative Einstellung zur Erziehung Entdeckung, Befreiung und Förderung der Potentiale des lehrenden und des lernenden Menschen. Der Lehrer ist Animateur und Anreger, der den Schüler nicht nur als Lernenden, sondern auch als Denker betrachtet. Er schafft eine Atmosphäre, in der das begabte Kind so ist, wie es sein kann, und nicht, wie es sein muß.

Bei dieser Einstellung zum Kind geht es nun jedoch nicht um uneingeschränktes Gewährenlassen, sondern darum, in angemessener Weise auf es einzugehen. Diese Unterscheidung ist wichtig, denn es reicht nicht aus, das Kind einfach gewähren zu lassen. Vielmehr kommt es auch darauf an, was das Kind mit der gewährten Freiheit anfangen kann. Nur die adäquate Reaktion der Umwelt, insbesondere des Lehrers, ist förderlich. Viele Psychologen behaupten, daß sich bessere Erfolge erzielen ließen, wenn Unarten von schwer erziehbaren Kindern überhaupt nicht beachtet würden. Gemessen wird der Erfolg daran, daß das Kind oft die Unarten einstellt, weil es keine Beachtung findet. Das ist jedoch ein deutliches Ergebnis der Atmosphäre reiner Permissivität. Warum hört das Kind auf, ungezogen zu sein? Weil die Umwelt nicht reagiert. Man entsinne sich des kleinen Maxl, der von der Schule nach Hause kam und seiner Mutter erzählte, daß er hingefallen sei und wie sehr das weh getan hätte. Woraufhin die Mutter ihn fragte, ob er sehr geweint hätte. Maxl antwortete: „Nein, es war doch niemand da." Das Gleiche geschieht auch in der kreativen Situation. Das Kind hört auf, kreativ zu sein – wie es aufhört, unartig zu sein – wenn die Umwelt nicht reagiert.

Gegner der Kreativitätstheorie behaupten, daß es unüberwindliche Probleme in diesem Zugang zur Erziehung gäbe, da Erziehung im allgemeinen Ordnung und Disziplin anstrebe, Kreativität jedoch zum Gegenteil, zur Anarchie, führe. Wie soll man einerseits Spontaneität und Initiative bei Schülern fördern und sie andererseits unter Kontrolle halten? Kreativität wird oft nur aus Angst vor Disziplinproblemen unterdrückt. Dazu kommt, daß unerwartete Antworten der Schüler den Lehrer verwirren, ihn oft in Verlegenheit bringen, vor allem, wenn er selbst keine Antwort weiß. Aus Zeitmangel nennt ein Lehrer oft die Lösung eines Problems und nimmt dem Schüler damit die Möglichkeit, selbst verschiedene Herangehensweisen auszuprobieren und so zu einer Lösung zu kommen. Lehrer haben manchmal Schuldgefühle, wenn sie Kinder raten lassen, da dies zu sehr ans Spielerische grenzt. Sie müssen Kinder sogar in gewisser Weise zur Konformität erziehen, da die Gesellschaft das fordert.

Wenn kreatives Denken und Lernen aus eigener Initiative gelobt werden, wenn verschiedene Herangehensweisen an ein Problem und die Manipulation von Objekten und Ideen gefördert werden, wenn selbständiges statt gruppenbezogenem Denken und Toleranz gegenüber neuen Ideen gelehrt werden, dann gibt es keine besonderen Disziplinprobleme. Denn Disziplin kommt von selbst, wenn dem Schüler kreatives Verhalten, d. h. seine Individualität und Einmaligkeit zugestanden werden. Auf diese Weise wird das begabte Kind in seinen Fähigkeiten gestärkt und es erreicht eine Offenheit, die das Aufnehmen eines Maximums an Kenntnissen aus der Umwelt ermöglicht. Es erwirbt die Fähigkeit, Bewertungen zurückzustellen, Mißerfolge zu riskieren, und es verliert die Angst davor, von der Umwelt als dumm oder „anders“ eingestuft zu werden.

Wenn der Lehrer sich Zeit nimmt, nicht nur die Unarten des begabten Kindes zu beachten, sondern auch die Art und Weise, wie es diese Unarten ausführt, dann nimmt er die Einzigartigkeit des Kindes ernst. Denn Kinder versuchen oft nur aus Mangel an anderen Herausforderungen, ihre Begabung auch in Unarten zu aktualisieren. Das kommt häufig vor, weil der Lernstoff nicht wirklich relevant für das gegenwärtige Leben ist und weil abstraktes Denken in keiner Beziehung zu konkretem Handeln steht. Immer mehr Schüler und Studenten verlassen den normalen Ausbildungsweg, weil er ihnen für ihr Leben nicht relevant erscheint und weil die Schule sie in eine passive Rolle zwingt.

Daher suchen sie lieber anderswo nach Relevanz und Möglichkeiten, aktiv zu werden.

Wir gehen mit unseren 12–14jährigen Schülern in Armenviertel, damit sie soziale Probleme solcher Situationen kennenlernen. Sie sprechen mit Sozialarbeitern und informieren sich über die Probleme und die Versuche, diese zu lösen. Die Konfrontation mit solchen sozialen Brennpunkten ist besonders wichtig für die begabten Kinder, die selbst aus solchen Vierteln kommen. Sie sollen so früh wie möglich herausgefordert werden, die Probleme ihrer Umgebung nicht nur zu sehen, sondern auch zu lernen, wie sie zu ihrer Bewältigung beitragen können.

Die Diskrepanz zwischen den Naturwissenschaften und den nur langsam hinterherhinkenden Sozial- und Geisteswissenschaften wird immer größer. Gerade die Technologie, die unser Leben erleichtert, aber auch zunehmend unsere persönliche Freiheit tangiert, könnte in gewisser Weise ein Durchgangsstadium sein, wenn wir ihren ursprünglichen etymologischen Sinn erfassen könnten: „technologos" bedeutet, der Maschine menschlichen Sinn zu geben. Es geht also nicht um eine Alternative zwischen Mensch und Maschine, sondern um eine wechselseitige Beziehung.

Maschinen sind für begabte Kinder sehr wichtig. Sie sind zum Beispiel fasziniert von den Herausforderungen des Computers und vergessen sich und ihre Umgebung, wenn sie vor ihm sitzen. Dagegen zu kämpfen, wäre weltfremd. Die Kinder können sehr kreativ mit solchen Maschinen umgehen, wenn man ihnen die Freiheit läßt, damit zu experimentieren und ihre Fähigkeiten daran auszuprobieren. Auch hier kann es zu einem Dialog zwischen dem Kind und seiner Umgebung kommen, wenn es in angemessener Weise herausgefordert wird. Unsere Kursteilnehmer haben zum Beispiel wunderschöne Zeichnungen mit dem Computer hergestellt und phantasievolle Geschichten aufgrund ihres Wissens über Computer verfaßt.

Begabte Kinder sollten selber programmieren, nicht alle Programme fertig präsentiert bekommen. Außerdem ist in den letzten Jahren durch das Internet, das die Welt, die Menschen und ihre Ideen in das Kinderzimmer holt, eine zusätzliche Herausforderung für die kreative Arbeit mit dem Computer entstanden. Begabte Kinder werden aus dem Internet nicht nur Lern- (oder sexuelle) Anregungen holen, sondern nach gleichaltrigen Diskussionspartnern suchen. Sie können dort Probleme zur Diskussion stellen und auf der Suche nach Lösungen Helfer und Freunde finden. Dadurch wird die Familie der Kinder erweitert und bereichert, viele Freundschaften kamen so zustande.

Auch Feinmechanik und Autotechnik sind sehr beliebte Kurse bei unseren Begabten. In spielerischen Informationen über Dynamik lernen bereits 7- oder 8jährige mit sehr einfachen Mitteln, wie Dinge in Bewegung gesetzt werden können, und zwar sowohl in ihrer Umwelt wie in ihrer Eigenwelt.

In unseren Fortbildungskursen versuchen wir, Lehrern und Kindergärtnerinnen nicht nur in ihrem Fach weiterzuhelfen, sondern sie auch in die neuesten technologischen Erfindungen einzuführen, damit sie genug davon verstehen, um sich in ihrem Unterricht darauf zu beziehen. Auf diese Weise soll die Diskrepanz zwischen Realität und Schule verringert werden.

Wenn Lehrer selber kreativ und abenteuerlustig sind, gibt es kaum Probleme mit begabten Kindern. Sie werden dann in ihrer Divergenz akzeptiert und nicht zum Problem gemacht. Statt ihre Begabung und Kreativität zu bekämpfen, die sie in der heterogenen Gruppe einbringen, könnten sie sich als zugehörig erleben und dadurch auch das Niveau der ganzen Gruppe heben.

Dazu abschließend ein Beispiel: Die Eltern des 6jährigen Ariel brachten das Kind zur Schule mit der Bemerkung, daß er schon lesen und schreiben und sehr gut rechnen könne. Bereits im ersten Schuljahr wollte er nach einem Monat bei bestimmten Fächern nicht mehr in der Klasse bleiben. Die Eltern verlangten von der Lehrerin, sie solle Ariel seinem Wissen gemäß fördern. Die Lehrerin bat uns um Rat, was sie mit dem Kind machen solle. Im Gespräch mit ihr wurde uns deutlich, daß Ariel emotional sehr kindlich und auch körperlich nicht gut entwickelt war, daß ihm also die seelische Reife und die physische Stärke fehlte, um in eine höhere Klasse versetzt zu werden. Die Eltern hatten mit dem Kind viel gesprochen und sein Wissen sehr gefördert, und die Lehrerin sollte ihn nun entsprechend weiter fördern. Sie erkannte, daß dies Ariel nur noch mehr von den anderen Kindern entfernen würde. In der Klasse gab es noch zwei Kinder, die bereits lesen, schreiben und rechnen konnten, allerdings nicht so gut wie Ariel. Wir machten einen Plan, nach dem die Klasse in Arbeitsgruppen von 5–6 Schülern eingeteilt wurde. Die drei Fortgeschrittenen sollten besondere Aufgaben bekommen. Während die Mehrzahl der Kinder 2 + 2 = 4 lernte, sollten die Fortgeschrittenen versuchen, alle Zusammensetzungen der Zahl 4 zu suchen: 1 + 1 + 1 + 1 = 4, 5 – 1 = 4, 2 x 2 = 4, 8 : 2 = 4, 3 + 1 = 4 usw. Während die Klasse Worte auf Zeichnungen bezog, sollte die Dreiergruppe diese Dinge beschreiben. Während der letzten 10–15 Minuten des Unterrichts könnten die Fortgeschrittenen dann der Lehrerin helfen, die Gruppen der anderen Kinder zu beaufsichtigen und ihnen, wenn nötig, weiterzuhelfen. Auf diese Weise würden die Begabten die „normalen" Lösungswege kennenlernen, die sie selber nicht kennen. Es ist wichtig, daß sie diese Denkweise wenigstens bei anderen Kindern sehen.

Die Eltern sollten über dieses Vorhaben informiert werden. Dabei müßte ihnen auch der Unterschied zwischen der Vertiefung und der Erweiterung des Wissens erklärt werden (Abbildung 4). Wir sollten nämlich Kinder nicht mit immer mehr Wissen „füttern". Das vergrößert zwar ihre Kenntnisse, entfernt sie aber von der Realität und von ihren Altersgenossen. Die Erweiterung des Wissens soll ein Kind von seiner Gruppe nicht entfernen. Die Dinge von verschiedenen Aspekten zu sehen – das ist hier mit Erweiterung gemeint – ist bei Kindern wichtiger als die Vertiefung eines bestimmten Aspektes.

Ich glaube nicht, daß Begabung in einer kreativitätsfördernden Umgebung – und jede Schule könnte das sein – zum Problem wird. Die kreative Einstellung zur Erziehung ermöglicht

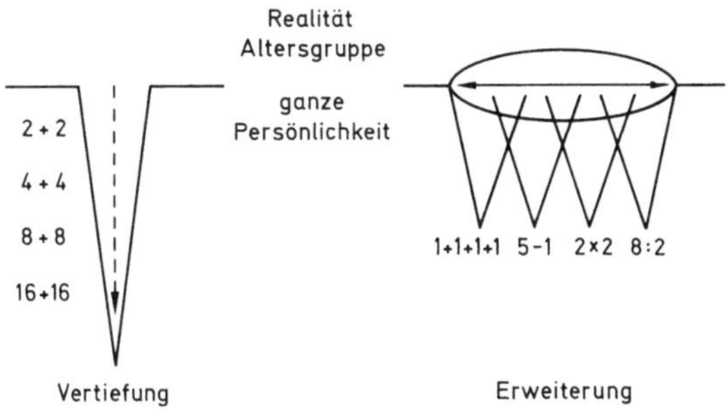

Abbildung 4: Der Unterschied zwischen Vertiefung und Erweiterung

es jedem Kind, nach seinen Fähigkeiten zu reagieren. Kinder wollen diese Einstellung. Kreatives Lernen ist der Dialog zwischen Fakten und Phantasie, zwischen dem Wirklichen und dem Möglichen, zwischen dem, was ist und dem, was sein könnte: ein Prozeß, in dem wir hören, lernen, denken, handeln, schaffen und verändern, in dem wir unser wirkliches Leben erschaffen und hoffen (in einer Zeit, in der Hoffnung nicht leicht fällt), daß unsere potentiellen Fähigkeiten es uns ermöglichen, gleichwertige Partner unseres „Schicksals", unserer Zukunft zu sein.

Das Institut zur Förderung der Wissenschaften und Künste für Kinder und Jugendliche (Tel Aviv)

Mein Engagement in der Begabtenförderung kommt aus vier verschiedenen Richtungen und führte vor 30 Jahren zur Gründung dieses Instituts:

Als *Weltbürgerin* sehe ich in begabten Kindern das kreative Potential zur Lösung der Menschheitsprobleme, die Voraussetzung, um künftigen Generationen eine Umwelt zu sichern, in der sie leben und schaffen können.

Als *Erzieherin* achte ich auf die individuellen Unterschiede, die besonders in den Kursen für kreatives Denken deutlich werden. Ich erfahre immer wieder, wie wichtig es ist, begabten Kindern zu helfen, damit sie so werden können, wie es ihren Fähigkeiten entspricht.

Als *Erwachsenentherapeutin* fand ich bei vielen Patienten den Ursprung ihrer seelischen Probleme in einer nicht gelebten Begabung, die – meist in der Kindheit – unterdrückt worden war.

Als *Frau* finde ich es sehr störend, daß es bisher so wenige Frauen unter den bedeutenden Erfindern, Wissenschaftlern und Künstlern gab.

An den Aktivitäten des Instituts haben bisher mehr als 35000 Kinder zwischen fünf und fünfzehn Jahren teilgenommen. Sie kamen aus verschiedenen Bevölkerungsschichten. Kinder, Eltern und Lehrer holten sich Rat bei uns, wie Begabung zu fördern sei, und wie aufkommende Probleme bewältigt werden könnten. Das Institut ist ein gemeinsames Projekt der Universität und der Stadt Tel Aviv und vom Israelischen Kultusministerium anerkannt.

Uns interessiert nicht nur die Intelligenz des begabten Kindes, sondern seine ganze Persönlichkeit mit allen offenkundigen, aber auch den verdeckten Anlagen. Besonders setzen wir uns für die sozial und kulturell Benachteiligten ein.

In der allgemein üblichen Erziehungspraxis für begabte Kinder sind drei Ansätze bekannt:

- Segregation: Absonderung der Begabten durch spezielle Klassen oder Schulen;
- Akzeleration: Beschleunigung des Schulgangs durch Überspringen von Klassen;
- Extracurriculare Programme: Bereicherung durch Lehrangebote außerhalb der üblichen Unterrichtsveranstaltungen. Sie

unterscheiden sich in solche, die ein spezifisches Talent fördern, und solche, die umfassend bilden.

- Ein besonderer Schultag wöchentlich: In den letzten Jahren entwickelte sich ein vierter Ansatz: Begabte aus verschiedenen Schulen werden in ein Zentrum gebracht, wo sie „Bereicherungsprogramme" an einem Schultag bekommen, während ihre Heimklasse normal weiter lernt.

Unsere Institutsarbeit ist von der holistischen (ganzheitlich orientierten) Erziehungsphilosophie geprägt. Wir sind der Meinung, daß das begabte Kind etwa bis zu zwölf Jahren in seiner gewohnten Umgebung bleiben soll, damit sich das Gefühl der Zugehörigkeit zu seinem Lebenskreis festigt. Gleichzeitig hat es im „Bereicherungsprogramm" unseres Instituts Gelegenheit, mit ebenso Begabten seine Fähigkeiten und Interessen zu entwickeln, wobei es sein eigenes Leistungsniveau erkennen und mit dem anderer vergleichen kann. Wir haben beobachtet, daß es für Klassenbeste eine unangenehme Überraschung sein kann, wenn sie in einem Arbeitskreis mit Gleichbegabten nicht mehr wie gewohnt herausragen. Nach dieser Erfahrung geht das begabte Kind dann gewöhnlich gern in seine Klasse zurück. Es ist froh über seine Fähigkeiten und stolz darauf und bereichert die Klasse mit dem, was es bei uns dazugelernt hat. Die Absonderung in spezielle Schulen oder Klassen hingegen wird meist sehr zwiespältig aufgenommen: als Hervorhebung zwar, aber auch als Isolierung. Das Bereicherungsprogramm bietet eine Anzahl von Arbeitskreisen an. Einige Beispiele:

- *Naturwissenschaften und Mathematik:* Raumfahrt, Weltraumforschung, Astronomie, Elektronik, Krebsforschung, Chemie, Computerwissenschaften, Mathematik (14 Stufen), Biologie (11 Stufen), Wissenschaftliches Denken;
- *Geistes- und Sozialwissenschaften:* Archäologie, Hieroglyphik, Latein, Orientalistik, Geographie, Geschichte, Wirtschaftswissenschaften, Psychologie (4 Stufen), Humor, Phi-

losophie, Judentum; literarisches, soziales und politisches Denken; Journalismus und „Leadership“;
- *Künste:* Rhetorik, Bildende Kunst und Wissenschaft, Drama, Filmkunst, Fotografie, Kreatives Denken, Kreatives Schreiben, Zeichnen und Bildhauerei, Keramik, Nonsens, Wortspiele (4 Stufen).

Diesen Arbeitskreisen, wenn sie auch disziplinär benannt werden, liegt ein interdisziplinärer Zugang zugrunde mit dem Ziel, vielfältige und kreative Denkformen zu entwickeln (siehe „Der existentielle Zugang zur Erziehung der Begabten“).

Zum ersten Treffen der einzelnen Arbeitsgruppen sind auch immer die Eltern eingeladen, damit sie erfahren, was ihr Kind in dem gewählten Arbeitskreis hören, lernen und spielen wird. Sie sollen wissen, was wir aktivieren wollen und wie wir das tun, und wir hoffen, daß unsere Arbeit zu Hause in Gesprächen und Spielen fortgesetzt wird.

In den Sommerferien veranstaltet das Institut einen *Kreativen Aktivitätsmonat.* Die Kinder machen Spiele, konstruieren und diskutieren. In stundenlangen Auseinandersetzungen über politische und soziale Fragen lernen sie, ihre Meinung auszudrücken. Besuche in den verschiedensten Forschungsinstituten stehen auf dem Programm, wobei die Kinder mit aktuellen wissenschaftlichen und soziologischen Zusammenhängen vertraut gemacht werden.

Mit 13, 14 Jahren bieten wir den Jugendlichen dann die Möglichkeit, an gesponserten Seminaren der Privatindustrie (Computertechnik, Elektronik und andere technologische Forschungsbereiche) teilzunehmen, damit sie sich mit der realen Arbeitswelt auseinandersetzen können. Manche nehmen bereits mit 15 Jahren an Kursen der Universität teil und erhalten Anleitung von Mentoren.

Darüber hinaus haben wir in den letzten Jahren mit guten Ergebnissen das *Überspringen von Klassen* praktiziert. Hierfür sind vier Kriterien Voraussetzung:

- Das Kind muß seine Begabung durch außerordentliche Leistungen im selbständigen Denken und Tun oder bei einer selbständigen Arbeit gezeigt haben.
- Seine emotionale Entwicklung muß der intellektuellen entsprechen.
- Das Kind muß körperlich gut entwickelt sein.
- Es sollte keine Sozialisationsprobleme haben, sondern beispielsweise leicht Freunde gewinnen.

Mehr als 180 Kinder konnten auf diese Weise die höhere Schule zwei oder drei Jahre früher beenden und sich mit 16 Jahren an der Universität einschreiben. Andere besuchten reguläre Universitätsprogramme parallel zum Gymnasium und erreichten so den Universitätsabschluß (B.A.) bereits ein Jahr nach dem Abitur. In allen diesen Fällen versuchten wir, zwei oder drei Begabte zusammenzubringen, damit sie den Weg nicht allein gehen mußten.

Zusätzlich veranstalteten wir Elternkurse, in denen das Thema Begabung und mögliche Probleme bei begabten Kindern behandelt wird (siehe „Probleme, die Eltern bei ihren begabten Kindern sehen“), und Fortbildungen für Lehrer, um deren Kreativität zu fördern und sie für die Begabungen ihrer Schüler aufgeschlossen zu machen. In den letzten Jahren fanden wir, daß die Großeltern und ihr Einfluß in den Gesprächen mit den Kindern öfters Thema sind. Daher beschlossen wir, einen Arbeitskreis für Großeltern „Sprich die Sprache deiner Enkel“ zu machen: als Einführung in die neuen Entwicklungen in der Technologie, den Computerwissenschaften, den Sprachanwendungen und auch Sprachtempi. Es ist sehr befriedigend, die Wißbegier der Großeltern zu erleben und zugleich ihre Freude, mit den geliebten Enkelkindern eine gemeinsame Sprache zu haben.

Zusammenfassend möchte ich wiederholen, daß wir uns mit der *gesamten Existenz* des Kindes befassen:

- mit seiner *Eigenwelt* – seinem Selbst, das seine intellektuellen, emotionalen und sozialen Fähigkeiten einschließt.

- mit seiner *Mitwelt* – der Welt, *mit* der das Kind lebt, also Eltern, Familie, Freunde, Lehrer.
- mit seiner *Umwelt* – die sich ständig verändernde und erweiternde Welt, die Wissen und Gefühle herausfordert.

Wir streben an, die „Umwelt“ des begabten Kindes zu bereichern, indem wir ca. 160 Kurse anbieten, die seine Interaktion mit ihr ermöglichen. Die „Mitwelt“ versuchen wir durch die Zusammenarbeit mit den Eltern günstig zu beeinflussen und durch die Workshops für Lehrer sowie die Schaffung einer Atmosphäre im Institut, in der die Kinder sich frei und sicher genug fühlen können, um Freundschaften mit Gleichaltrigen zu schließen. Die „Eigenwelt“ des Kindes aber liegt uns am meisten am Herzen: Wir wollen dem Kind zur Entfaltung seiner Persönlichkeit verhelfen, seinen Wissensdurst befriedigen und seine Fähigkeit, Beziehungen einzugehen, stärken. Es soll mit den gesellschaftlichen und allgemein menschlichen Problemen vertraut gemacht und zum Denken und kreativen Tun herausgefordert werden.

Begabte Benachteiligte

In den letzten zwei Jahrzehnten hat sich in der Betrachtungsweise menschlicher Fähigkeiten einiges geändert. Der Schwerpunkt hat sich von der genotypischen Sicht der Begabung – der angeborenen und von der sozialen Umwelt unabhängigen Begabung – auf die phänotypische Sicht verlagert, an der die Umwelt Anteil hat. Diese Veränderung kann auch daran erkannt werden, daß Begabung mittlerweile nicht nur zur Kenntnis genommen, sondern systematisch gefördert wird.

Wir unterscheiden manifeste (offensichtliche) und latente (versteckte) Begabungen. Viele Kinder bewegen sich weit unter ihrem Fähigkeitsstand, weil ihr sozio-ökonomischer Hintergrund die Verwirklichung ihres Potentials behindert, während Kinder aus einem privilegierteren Elternhaus ihre Anlagen entwickeln können. Begabung ist ein relativer Begriff und setzt immer einen Bezugsrahmen voraus, sie ist keine internationale oder regionale Norm. Ein besonders intelligentes Kind zum Beispiel braucht in einer kulturell benachteiligten Umgebung eine besondere Herausforderung, damit sich seine Begabung zeigen kann. In einer privilegierten Umgebung, wo solche Herausforderungen selbstverständlich sind, würde man die gleiche Begabung nicht als überdurchschnittlich ansehen.

In jeder progressiven Gesellschaft sollten die Bedürfnisse benachteiligter Gruppen stets Priorität haben. Unter dem Begriff „kulturelle Benachteiligung" versteht man ein Zusammentreffen verschiedener ungünstiger Voraussetzungen: eine große Familie, niedrige Schulbildung der Eltern und geringes Einkommen. Auch die aufgewecktesten Kinder aus solchen Familien können mit Gleichaltrigen aus dem Mittelstand in formalen Intelligenztests nicht mithalten, da ihr Sprachniveau sehr niedrig ist. Aus diesem Grund besuchen auch nur wenige von ihnen die Spezialklassen für Begabte.

An unserem Institut waren auch Kinder aus kulturell unterentwickelten Stadtteilen Tel Avivs. Nach zwei Jahren Teilnahme an einem unserer Seminare konnte bei einigen ein IQ-Anstieg von 20 Punkten festgestellt werden. Unser Institut liegt im nördlichen Teil von Tel Aviv. Dieser Stadtteil wird von der Mittelschicht und der oberen Mittelschicht bewohnt. Wir versuchten, Kinder aus den benachteiligten südlichen Stadtvierteln in unser Institutsprogramm einzubeziehen, was sich aber aufgrund der Beförderungsschwierigkeiten als nicht sehr erfolgreich erwies. Daher arbeiten wir seit 1973 in den kulturell benachteiligten Vierteln unserer Stadt.

Der Prozentsatz der Kinder, die die Begabtenprogramme in Anspruch nahmen, hing letzten Endes davon ab, welche Prioritäten die Eltern setzten. Meist waren sie infolge ihrer Herkunft nur wenig an einem höheren Bildungsstand ihrer Kinder interessiert. Andererseits wurde ihr Interesse auch von ihren sozialen und finanziellen Möglichkeiten bestimmt. Der Erfolg eines Programms stand und fiel mit der Einsicht der Eltern und mit unserer Überzeugungskraft in folgenden Punkten:

- die soziale und die psychologische Bedeutung der Situation zu erkennen;
- außergewöhnliche Begabungen nachdrücklich zu betonen und mit unserer Hilfe zu entwickeln und zu fördern;
- Vertrauen zu haben in die Möglichkeiten und die Kontinuität des Programms.

Innerhalb des Projekts für begabte Benachteiligte schufen wir noch weitere Modelle:

- Die Kinder kommen einmal wöchentlich nach der Schule in unser Institut.
- Wir versuchen ihre Lehrer an diesem Projekt zu beteiligen, damit sie sehen, wie ein Bereicherungsprogramm ablaufen kann. Nach einem Jahr führen die Lehrer dann unter Anleitung selbst Bereicherungsprogramme in ihrem Stadtviertel durch. Das wirkt sich auch auf die Erwachsenen günstig aus, die stolz darauf sind, in ihrem Viertel solche Privilegien zu haben.
- Wir nehmen die Begabten, nachdem sie eine Zeitlang ein Bereicherungsprogramm in ihrem Viertel besucht haben, in einen der Kurse des Instituts auf, da die Fächerauswahl hier größer ist.

Ein Zusatzprogramm, keine Alternative, sind die Sommercamps für begabte Benachteiligte, in denen die Kinder lernen und arbeiten, entweder in ihrem Stadtteil oder außerhalb. Es gab dabei sehr gute Resultate, zum Beispiel bei der Verschönerung von Wohngegenden.

Nachdem das Projekt für kulturell Benachteiligte ein Jahr gelaufen war, untersuchten wir die Wirkung auf das Intelligenzniveau, die Kreativität und andere Faktoren. Die Ergebnisse waren ermutigend: Bei den Kindern zeigte sich ein Anstieg der meßbaren Intelligenz um bis zu 20 Punkte. Auch die Wertorientierungen und Einstellungen hatten sich positiv verändert.

In unserer letzten Untersuchung hatten wir besonders erfreuliche Resultate: Zu Beginn eines unserer Projekte war ein kleiner, differenzierter Unterschied im IQ-Durchschnitt zugunsten der Jungen. Nach drei Semestern Aktivität konnten wir im Wiederholungstest feststellen, daß bei den Mädchen ein höherer Anstieg im gemessenen IQ war als bei den Jungen. Dies bestärkte uns in unserer Sicht, daß die Mädchen, wenn sie herausgefordert werden, die gleichen, manchmal sogar bessere Leistungen als die Jungen bringen können. Diese Resultate sind uns wichtig, nicht nur für die Entwicklung dieser Mädchen, sondern auch für ihre zukünftigen Töchter.

Wir haben in dieser Zeit gelernt, daß immer wieder Zwischenphasen notwendig sind, in denen die Kinder nichts Neues aufnehmen, sondern sich ihrer Fortschritte und ihres Wissens bewußt werden. Es fällt ihnen dann leichter, kreative Denkwege auszuprobieren, die natürlicherweise auch unbekannte und herausfordernde Elemente einschließen.

Wir sind davon überzeugt, daß bei Kindern, die in ihren konstruktiven Fähigkeiten nicht ermutigt werden, die Gefahr besteht, daß sie ihre Intelligenz für destruktive, delinquente Ziele einsetzen, wie dies überall in der Welt beobachtet werden kann.

Unsere Welt bedarf der menschlichen Fähigkeiten, denn in ihnen liegen die großen natürlichen Ressourcen verborgen. So gesehen sind die Talente jedes begabten Kindes, sei es sozial bevorzugt oder benachteiligt, gesund oder behindert, ein Reichtum für die Zukunft, der in größtmöglichem Maß gefördert und kultiviert werden muß.

Das Beispiel Ran

Ran wurde von seiner Lehrerin zu uns gebracht. Sie erzählte uns seine Geschichte: Ran war oft sehr traurig gewesen und hatte in der Schule gefehlt. Als die Lehrerin ihn daraufhin angesprochen hatte, wich er aus. Von der Mutter wurde sie zwar freundlich empfangen, konnte aber auch dort nicht viel über die Gründe erfahren: Ran sei oft krank, sagte die Mutter, und stecke dann seinen kleineren Bruder an, außerdem müsse er ihn hüten, da die Eltern arbeiteten. Nach weiteren Nachforschungen stellte es sich heraus, daß Rans Eltern eine schwere Ehekrise durchmachten. Wenn es zu Hause Krach gab, wurde Ran in den kleinen Laden des Vaters geschickt. Die Familie fürchtete sich vor dem Vater, er war sehr kritisch und nörgelte viel. Die Mutter war ein schwacher Mensch. Sie hatte ein niedriges Bildungsniveau und verfiel oft in Depressionen. Ran mußte dann sie und den kleinen Bruder versorgen. Schließlich verließ der Vater die Familie. Er wurde kriminell und kam ins Gefängnis. Die Lehrerin wandte sich an das Sozialamt, das sich der Mutter annahm. Mit Ran führte sie nun lange Gespräche über alle seine Sorgen. Das befreite ihn. Er begann seine Schulpflichten ernster zu nehmen, und bald hatte er alle Rückstände aufgeholt.

Das war der Zeitpunkt, zu dem Ran zu uns kam, um an einem der Arbeitskreise teilzunehmen. Da er seelisch viel reifer war als Gleichaltrige und auch körperlich gut entwickelt, beschlossen wir nach einem Jahr, ihn von der fünften in die siebte Klasse aufrücken zu lassen. Das bedeutete jedoch, daß Ran nicht mehr in der Obhut seiner so vertrauten Lehrerin war. Da er sich aber im Institut gut eingewöhnt hatte, hofften wir, daß er sich auch in der höheren Klasse zurechtfinden würde. So war es auch. Mit 18 Jahren bestand Ran das Abitur und absolvierte dann eine Technische Hochschule. Seinem jüngeren Bruder war er Vorbild und Stütze. Auch er besuchte unsere Arbeitskreise und anschließend das Gymnasium. Besonders schätzenswert ist es, daß beide Söhne ihre Mutter, mit der sie geistig wenig gemeinsam haben, mit Liebe und Achtung umsorgen. Und es war die Sensibilität und Hellhörigkeit einer Lehrerin, die diese günstige Entwicklung ermöglichte.

Aggression als kreative Energie

Im Laufe der Jahre meiner Arbeit mit Kindern und der Erforschung der Kreativität als menschliches Potential fand ich heraus, daß Aggression ein Charakteristikum der kreativen Persönlichkeit ist. Daraufhin stellte ich mir die Frage, wie es sich mit der Aggression überhaupt verhält, die doch allgemein als Reaktion auf frustrierende Situationen angesehen wird und ihren Ausdruck in Gewalttätigkeit und Destruktivität findet.

Der etymologische Ursprung des Wortes Aggression im Lateinischen ist aggredior/aggredi, was „sich nähern, die Hand auf etwas legen" heißt. Beide Bedeutungen kann man gegensätzlich verstehen: Wir können uns in Liebe oder in Haß nähern, wir können die Hand auf etwas legen, um zu liebkosen und zu erschaffen, oder um zu schlagen und zu zerstören.

In der wissenschaftlichen Literatur zu diesem Gebiet zeichnen sich nach meiner Sicht zwei Zugänge zum Thema Aggression ab. Da ist einmal die Behauptung, der Organismus sei von Natur aus passiv und jede Reaktion hänge im gegebenen Moment von der Art des Stimulus ab. Diese Theorie ist die Basis der Lerntheorien in der Psychologie und geht zugleich davon aus, daß Aggression eine erworbene und erlernte Reaktion ist. Aus einer anderen Sicht wird Aggression als phylogenetische, angeborene Einrichtung angesehen, die alles Lernen und jede Art von Beziehungen ermöglicht und bedingt. Diese Theorie stammt aus der Tierpsychologie, die Konrad Lorenz in seinem Buch „Das sogenannte Böse" anhand seiner Forschungen sehr einleuchtend begründet. Aus dem Unterschied dieser zwei Sichtweisen von Aggression – ererbt oder erlernt, Aktion oder Reaktion, Energie oder Gewalt – rührt die Polemik in der heutigen Aggressionsforschung her.

Im heutigen Sprachgebrauch finden wir Ausdrücke wie „ein Problem anpacken", „Schwierigkeiten bekämpfen", „zum Kern der Sache vorstoßen" usw. – alles aggressive Beschreibungen positiver Tätigkeiten.

Aggression ist nicht nur eine Reaktion, deren negativer Zweck Zerstörung oder Gewalttätigkeit ist, sondern auch der Drang zu jeglichem Tun und zu jedem Erfolg. Wir sprechen hier von einem andauernden existentiellen Entscheidungskampf im Innern des Menschen zwischen verschiedenen Möglichkeiten des Handelns. Nur durch diese Entscheidung zum Handeln aus innerer Freiheit können wir einen Aggressionsstau und das Gefühl der Machtlosigkeit – die verschiedenen Erscheinungsformen unterdrückter Aggression – vermeiden.

Die Vermeidung von und die Flucht vor Situationen, die Aggression oder Angst erwecken, hinterlassen im Individuum ein Gefühl der Schwäche, der Impotenz und der Machtlosigkeit. Die Verdrängung der Aggression führt zu neurotischen, manchmal auch paranoiden Zuständen, in denen wir uns zu uns selber oder zu anderen zerstörerisch verhalten. Dieses destruktive Verhalten ist nicht unvermeidbar, wie viele behaupten. Frustrierende Situationen und Versagen können manchmal auch Ansatzpunkte neuen kreativen Schaffens werden. Dazu dürfen wir uns selber allerdings nicht allzu ernstnehmen und nicht zu wehleidig sein. Die Aggression ist in uns; wir können sie annehmen und als Energie und Triebkraft benützen, um unser Versagen zu bewältigen.

Zur Entwicklung der Aggression beim Kind

Wir werden mit Aggressionen geboren. Der erste Schrei ist aggressiv. Der erste Griff des Babys ist aggressiv, wie der eines kleinen Affen, der sich an den Hals der Mutter hängt. Die erste Kommunikation ist aggressiv: durch Weinen kommuniziert das Baby seinen Hunger, sein Unbehagen, daß es naß ist oder daß etwas weh tut. Beim Stillen spüren alle Mütter den aggressiven kleinen Mund an ihrer Brust.

Mit der Zeit erlernt das Kleinkind weniger aggressive Kommunikationswege. Damit lernt es auch, zwischen sich und der Umwelt (Mutter) zu unterscheiden. Das ist die erste einer langen Reihe von Trennungen, die wir in unserem Leben vollziehen müssen. Wir trennen uns von der Mutterbrust, von der Kindheit, von der Schule, von den Eltern, von der Sorglosigkeit des Alleinlebens, wenn wir heiraten, von der Verantwortungslosigkeit, wenn ein Kind kommt, von den Kindern, wenn wir sie gehen lassen müssen, vom Selbstbild des nützlichen und arbeitsamen Daseins, wenn man in Pension geht, von der Kraft und Gesundheit, wenn man älter wird, vom Leben, wenn wir sterben müssen. Trennung ist ein Teil unseres Lebens. Oft wehren wir uns dagegen, alte Gewohnheiten aufzugeben, weil wir uns nicht sicher sind, ob wir uns neue schaffen können. Hier liegt die Bedeutung der Kreativität: die kreative Persönlichkeit kann loslassen; sie kann es wagen, unbestimmte Situationen zu ertragen, und kann trotz Angst neue Wege suchen und neue Gewohnheiten bilden.

Kinder haben den Drang, Neues zu entdecken. Sie haben auch eine reiche Vorstellungskraft, die ihnen hilft, sich durch die Identifikation mit einer erwachsenen Figur gegen Ängste, die alles Neue mit sich bringt, zu wehren. Die erwachsene Identifikationsfigur wird zum Idealbild, an dem sich das Kind dann sein Selbstbild aufbaut: die gute Mutter, der starke Vater, von denen man sich geschützt fühlt, um sich dann auch selber als gut und stark zu sehen. Dieser Prozeß baut auf den Bedürfnissen des Kindes auf, um diese zu befriedigen und Konflikte auszuschalten. So werden Vater und Mutter zum Vorbild des idealisierten Ichs des Kindes. Je narzißtischer die Bedürfnisse des Kindes sind, umso idealisierter wird das Ich und umso entfremdeter und entfernter von seinem wahren, eigentlichen Ich. Dieser Prozeß bringt viele Schuldgefühle mit sich, wenn nicht alles so gedacht und getan wird, wie es dem selbstauferlegten Ideal des Kindes entspricht. Das führt zu Aggressionen, die man dem Ideal gemäß unterdrücken muß. Aggression zu unterbinden, macht das Kind unsicher, und es hält sich daher an sehr strenge und eng gehaltene Gesetze. Diese Eigengesetze sind im Ursprung von der Umgebung (Eltern) auferlegt, werden aber dann vom Erwachsenen aus eigenem Willen beibehalten.

Aggression und Schuldgefühle werden besonders stark im Kampf mit Geschwistern um den eigenen Platz in der wachsenden Familie, durch die Trennung von der Erfahrung, das einzige Kind oder das jüngste Kind zu sein. Es geht darum, die Liebe der Eltern in der Konkurrenz mit den Geschwistern zu behalten oder zu gewinnen. Man muß gut sein, damit die Eltern einen lieben, oder man muß böse sein, damit man beachtet wird. In beiden Fällen wird Aggression gespürt, die dann entweder gegen sich selbst oder gegen die Umgebung zum Ausdruck kommt. Aggression entsteht oft, um kein Gefühl der Hilflosigkeit aufkommen zu lassen. Es ist dann immer noch besser, sich oder andere zu beschuldigen als hilflos und machtlos zu sein. Wir sind Menschen und müssen uns darum mit unseren Aggressionen akzeptieren, denn sie gehören zu uns.

Liebe und Haß

Um sich selber und anderen gegenüber nachsichtig zu sein, muß man sich lieben. Aber lernen wir es, uns selber zu lieben? „Du sollst deinen Nächsten lieben wie dich selber", heißt es in der Bibel. Aber Selbstliebe wird oft als Egoismus, Narzißmus u. ä. diffamiert.

Ein Kind lernt Liebe von seinen Eltern und zwar nach dem Motto: „Ich liebe, weil ich geliebt werde; wenn ich geliebt werde, brauche ich diese Liebe, daher liebe ich auch." Diese infantile Liebe ist abhängig.

Adoleszente Liebe ist narzißtisch und idealisiert: „Ich liebe dich und mache dich dadurch vollkommen." Daher wird jede Schwäche mit Liebesentzug oder sogar mit Haß vergolten. Alles muß vollkommen sein. „Ich brauche das Vollkommene, um lieben zu können." In dieser Liebe gibt es keine Verantwortung, denn die Verantwortung wird an das Ideal delegiert. Der adoleszente Mensch kann in seiner Unsicherheit keine Verantwortung übernehmen; immer ist der andere schuldig und verantwortlich.

Erwachsene, reife Liebe sagt: „Ich bin geliebt, weil ich liebe. Ich brauche dich, weil ich dich liebe“. Diese reife Liebe ist weniger narzißtisch und weniger idealisiert. Wir können lieben trotz der Schwächen und Begrenzungen des Geliebten. Diese Liebe ist freiwillig und frei.

Zum Prozeß des Wachstums gehört es, das Ideal loszulassen. „Ewige Liebe, nie ein böses Wort, kein Haß“, das sind Träume, von denen wir uns trennen müssen, um wachsen zu können. Denn Liebe und Haß sind eng verbunden, sagen Freud und Winnicott. „Ich habe zu sehr geliebt, als daß ich nicht auch hasse“, heißt es bei Shakespeare. Hassen zu dürfen ist genauso legitim wie Liebe. Wir müssen diesen Teil unseres Selbst akzeptieren; ihn zu bekämpfen, ist verschwendete Energie. Bei Rilke habe ich gelesen: Wenn mich meine Teufel verlassen, fürchte ich, daß auch meine Engel wegfliegen. Nur wenn wir auch den Haß in uns akzeptieren, können wir die Liebe **wählen**.

Wir wählen nicht nur die Liebe, sondern damit auch die Abhängigkeit vom Objekt unserer Liebe als freiwillige Abhängigkeit, die keine infantile, nehmende Liebe ist, sondern gebende, erwachsene Liebe. Denn Liebe zu geben ist ein Drang in uns wie Hunger und Durst und – wie der Haß, das sogenannte „Böse“ in uns. Liebe ist der Drang zur Einheit, während wir im Haß für uns sind, und – so paradox es auch klingen mag: Haß und Feindseligkeit führen uns genau wie die Liebe zur Individuation, zum Gefühl unserer eigenen Identität. Wachstum heißt also, sich anzunehmen mit der Fähigkeit zu lieben und zu hassen, mit dem Guten und dem Bösen in uns. Eltern können Kindern dabei helfen, indem sie ihnen eine „menschliche“ Ehe vorleben. In der Ehe gibt es häufig Momente des Hasses, die uns sehr erschrecken. Wir flüchten davor, indem wir sie auf den anderen projizieren oder indem wir uns selber anklagen und Strafe herausfordern. Wir können uns aber auch stellen, den Haß annehmen und dann umso mehr lieben. Gibt es etwas Schöneres als eine gelungene Versöhnung nach einem scheußlichen, haßerfüllten Streit? Viele Kinder kommen neun Monate nach so einer Versöhnung zur Welt, viele Pelzmäntel, teure Ringe und Halsketten wurden nach solchen Versöhnungen gekauft.

Es gibt eine nette Geschichte über ein Paar aus dem englischen Adel, das seinen 50jährigen Hochzeitstag groß feiert; ein Freund des Hauses fragt die Lady, ob sie während dieser 50 Jahre nie an Scheidung gedacht hätte. Nach kurzem Nachdenken sagt sie: An Scheidung nie, an Mord oft!

Wenn Eltern nicht gelernt haben, sich mit ihrer Liebe, ihrem Haß und ihren Aggressionen anzunehmen, können sie es ihren Kindern weder vorleben noch beibringen. Wenn wir den schwierigen Prozeß der Integration von Liebe und Haß, von gutem und schuldigem Selbst vollbracht haben, d. h. wenn wir lernen, uns von unserem Ideal der Vollkommenheit zu lösen und uns mit unseren Aggressionen annehmen, können wir auch verantwortlich sein. Saint-Exupéry erklärt seinem kleinen Prinzen, Mensch zu sein heiße, verantwortlich zu sein, und dieser empfindet die Verantwortung für die Rose, auch wenn sie zimperlich und nicht vollkommen ist.

Verantwortung zu übernehmen bringt oft ein Gefühl von Einsamkeit mit sich. Man kann sich hinter nichts mehr verstecken, man ist auf sich selbst angewiesen und für sich verantwortlich. So schwer es uns fällt, dürfen wir das unseren Kindern nicht ersparen. Besonders den begabten Kindern müssen wir dazu verhelfen, denn sie wollen und können schon sehr früh Beschlüsse fassen, aber sie müssen auch lernen, Verantwortung für ihre Taten zu übernehmen. Diese Verantwortung ist oft von Aggressionen begleitet, denn unbewußt muß sich das Kind dabei von seiner sorglosen Kindlichkeit trennen. Wir müssen ihm helfen, diese Aggressivität zu verstehen und sie als positive Antriebskraft anzunehmen, um sie dann zu weiterem Handeln zur Verfügung zu haben.

Noch etwas zur Freundschaft, die sehr wichtig für die Entwicklung der Persönlichkeit ist. Freundschaft ist die erste Erweiterung der primären Familie. Kinder suchen in Freundschaften zunächst das Vollkommene: die gleiche Vorliebe, den gleichen Geschmack, gleiche Interessen und Ziele. Dies sehen wir sehr oft bei unseren Begabten, die keine Freundschaft mit einem anderen Kind schließen, das nicht dieselben Interessen hat. Das ist für uns ein Zeichen der Diskrepanz zwischen dem intellektuellen und dem emotionellen Wachstum.

Eltern können ihren Kindern diese infantile Neigung erklären. Dazu müssen sie aber selber reif und davon überzeugt sein, daß es keinen Menschen gibt, der alle meine Bedürfnisse befriedigen könnte. Sie brauchen die Fähigkeit, Menschen zu schätzen, auch wenn sie nicht dieselben Interessen haben und auch, wenn sie nicht vollkommen sind.

Wichtig ist die Einsicht, daß Freundschaft, wie jede andere Beziehung, ambivalent ist. Wir lieben einen Freund und freuen uns über seine Erfolge, aber ganz tief innen sind wir auch neidisch und möchten selber solche Erfolge haben. Das löst Aggression aus, aber auch diese Aggression kann als Kraft und Verstärkung gebraucht werden, um höhere Ziele zu erreichen.

Allgemein wird behauptet, daß man einen guten Freund erst in der Not richtig erkennt. Davon bin ich nicht so sehr überzeugt. Es ist sehr befriedigend, einem Freund in der Not zu helfen, denn das gibt uns ein Gefühl der Selbstherrlichkeit. Aus der Erfahrung vieler Menschen habe ich gelernt, daß wahre Freundschaft sich in guten und erfolgreichen Augenblicken des Lebens zeigt. Begabte Kinder brauchen mehr als andere Kinder Freunde, mit denen sie sich auch über ihr eigenen Erfolge freuen können.

Aggression und Begabung

Die erste Kontrolle des Kindes über seine Aggression entsteht durch die Identifikation mit den Personen, die für das Kind die Quelle von Liebe bzw. Mangel an Liebe oder Strafe sind und zwar durch die Verinnerlichung von Verhalten und Normen der Identifikationsfigur. Mit dieser innerlichen Disposition und dem Drang zur Aktion tritt das Kind in eine sich fortwährend erweiternde Umgebung, die nach und nach auch verschiedene Institutionen einschließt (Kindergarten, Schule). Aggression wird nun auferlegten Rollen und Regeln gemäß unterbunden durch die Erwartungen der Erwachsenen und der Institutionen, durch Regeln, Disziplin, Normen, Traditionen und Gewohnheiten dieser erweiterten Umgebung. Sozialisation und Identifikation erleichtern dem Kind die Orientierung, die es zum Handeln braucht. Die dadurch verdrängte Aggression wird durch das Gefühl der Zugehörigkeit zur Umgebung aufgewogen. Doch die Umgebung und ihre Institutionen sind in sich selber aggressiv durch ihre Grenzsetzungen, Regeln und Ziele. Aggression wird hier unter verschiedenen Vorzeichen legitimiert, die Forderungen an das Kind zu stellen, wie z. B. Disziplin, Gehorsam, eng begrenztes konformes Denken usw. Im Lauf des Individuationsprozesses kommt es dann zu einer Phase, in der sich das Kind in diesen auferlegten Grenzen zu beengt fühlt.

Begabte Menschen im allgemeinen und besonders begabte Kinder empfinden Begrenzungen als sehr lästig. Sie fühlen sich mit ihren Potentialen durch jede Begrenzung eingeengt. In unseren Untersuchungen stellten wir fest, daß Begabte viel eher als Durchschnittskinder ihr Elternhaus oder die Schule als Einschränkung sehen. Jeder Rahmen hat seine Grenzen, und begabte Kinder tun sich sehr schwer damit. Manche setzen sich durch, andere ziehen sich zurück, und wieder andere kämpfen gegen die begrenzenden Personen.

In unseren Interviews mit mehr als 25000 begabten Kindern konnten wir ihr Verhalten in vier deutlich unterscheidbare Gruppen einteilen:

1) Der größte Teil der ersten Gruppe hat aggressive Bewegungen: Alles wird angefaßt, alles wird angeschaut. Diese Kinder sitzen nie ruhig, und die Hände bewegen sich in allen Richtun-

gen. Ihre Antworten sind provokativ und herausfordernd. Diese Kinder passen sich in der Schule und auch in unseren Kursen gut und kreativ an. Sie haben Freunde, sind beliebt und fühlen sich im allgemeinen in ihrer Haut wohl.

2) Dann gibt es die ruhigen und „wohlerzogenen" Kinder, die immer die 44 „richtigen" Antworten geben. Sie sind vorsichtig in allem, was sie sagen und tun. Sie sind die Lieblingsschüler ihrer Lehrer, sind aber nie zufrieden und müssen alles immer noch besser machen. Sie haben die „passenden" Freunde, die denken wie sie. In unseren Kursen müssen sie zunächst alles prüfen, bevor sie es wagen, an die Arbeit zu gehen. Es dauert geraume Zeit, bis sie ihr Verhalten ändern, sicherer werden und von der ihnen gewährten Freiheit Gebrauch machen können, d. h. Dinge wagen, von denen sie nicht alles im voraus wissen und sich trauen, zu experimentieren und dabei auch manchmal zu versagen.

3) Die dritte Gruppe ist die schwierigste. Diese Kinder sind gleichgültig und interessieren sich weder für die Schule noch für andere Tätigkeiten. Sie sind sogenannte „underachiever". Sie haben wenig Freunde. In unseren Kursen braucht es viel Zeit, Geduld, Ermutigung, Lob und Akzeptanz, um ihre Sicherheit zu stärken und sie zur Arbeit herauszufordern, die ihren Potentialen gemäß ist.

4) Die vierte Gruppe besteht aus antagonistischen, nicht kooperativen Kindern. Sie kämpfen gegen uns, gegen ihre Lehrer, ihre Eltern und Freunde. Sie haben daher Schwierigkeiten in der Schule und auf dem Spielplatz. Meist haben sie keine Freunde, weil sie sehr dominant und herrschsüchtig sind. Sie bleiben oft zu Hause, weil sie nicht in die Schule gehen wollen. In unseren Kursen beanspruchen sie die ganze Zeit die Aufmerksamkeit des Lehrers, diskutieren über alles und wissen alles besser. Bei manchen können wir durch intellektuelle und emotionale Herausforderungen und vor allem durch Gruppenarbeiten mit ande-

ren Begabten erreichen, daß sie ihre Potentiale verwirklichen. Bei anderen müssen wir viele Gespräche mit unseren Psychologen einschalten, damit sie ihr zerstörerisches Benehmen aufgeben können.

Nach den Erfahrungen und Beobachtungen vieler Jahre erlaube ich mir folgende Schlußfolgerung: Aggression steckt hinter jedem Verhalten. Es wird von der bewußten oder unbewußten Entscheidung bestimmt, wie ich mit Aggressionen umgehen will: In der ersten Gruppe (der Mehrzahl der Begabten) wird die Aggression konstruktiv verwirklicht, da keine Konflikte entstehen, die die kreative Aktualisierung der Potentiale verhindern.

Die Kinder aus der zweiten Gruppe verdrängen die Konflikte durch die Selbstbegrenzung ihrer Potentiale und entscheiden sich für Perfektionismus und Konformismus als Lösung.

In der dritten Gruppe wird der Konflikt verinnerlicht. Die Angst ist stärker als die Aggression. Dadurch mangelt es an Mut, Potentiale zu verwirklichen, was sich in Gleichgültigkeit und Passivität auswirkt.

Die Kinder der vierten Gruppe projizieren ihre Konflikte und die Aggression auf die Umgebung und aktualisieren ihre Potentiale in destruktivem Verhalten.

Wir sehen hier also die verschiedenen Manifestationen der Aggression in Kreativität, Konformismus, Perfektionismus,

Abbildung 5: Pendulum der Aggression

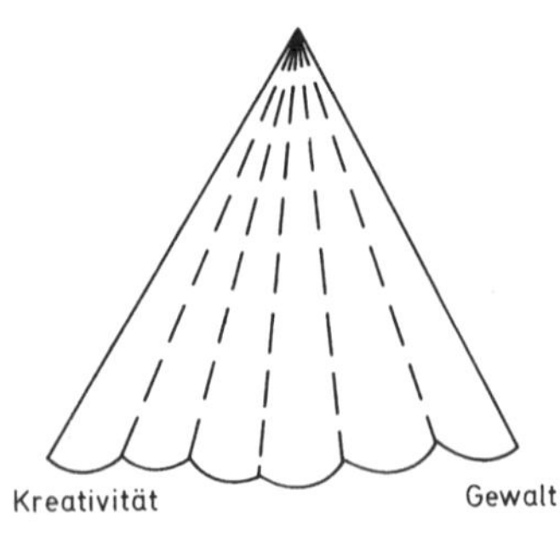

Tabelle 3: Die vier Verhaltenstypen bei begabten Kindern

Verhalten	Manifestation der Aggressivität	Konfliktlösung	Verhalten der Umgebung
Kreativ	Motorik, Spannung, Aktivität	Kein Konflikt	Akzeptanz, konstruktive Führung
Konform	Vorsicht, Perfektionismus	Verdrängung des Konflikts	Sicherheit, Akzeptanz, Lob und Ermutigung
Passiv	Gleichgültigkeit	Introjektion	Unterstützung, Lob, Ermutigung, Herausforderung
Gewalttätig	Widerstand, Ausbrüche, Feindseligkeit, Widerspruch	Projektion	Liebe, Geduld, Unterstützung, Verstehen, Erklären (in manchen Fällen muß psychologische Hilfe herangezogen werden)

Passivität und Gewalt. Aggression oszilliert wie ein Pendel von der Kreativität zur Gewalt (Abbildung 5).

Alle Erzieher, Eltern wie Lehrer, sollten diesen weiteren Begriff der Aggression erfassen, das Pendel von Kreativität zu Gewalt. Wir können Kinder nicht erziehen, ohne ihre Aggressionen anzunehmen und zu verstehen. Doch zunächst müssen wir in uns selber die Manifestation unserer Aggressivität verstehen, bevor wir andere erziehen. Das schwierige Problem in der Erziehung der Begabten ist, die destruktive Form der Aggression zu vermindern und sie als Antriebskraft unserer Natur zu gebrauchen. Denn Aggression ist kostbare Energie für alles Tun, für jeden kreativen Prozeß und entscheidend für die Entwicklung der persönlichen Unabhängigkeit und Freiheit.

Daß die Menschheitsfamilie heute so bedroht ist, liegt nicht an unserer Aggression, sondern an der Verdrängung der individuellen Aggression und der Unfähigkeit, Aggression auf kreativem Wege zu verwirklichen.

Guy und Yaron

Guy ist ein Einzelkind aus einer Beamtenfamilie, sehr behütet und von viel Liebe und Fürsorge umgeben. Als er mit 9 Jahren in unser Institut kam, war er blaß und dicklich. Sein Intelligenztest erbrachte die höchsten Ergebnisse, seine Kreativität war jedoch nicht groß, und die Persönlichkeitstests wiesen auf Ängste, Abhängigkeit und Introversion. Er hatte keine Freunde, war aber ein guter Schüler.

Im Interview mit den Eltern schaute er immer zu ihnen, bevor er unsere Fragen beantwortete. Die Eltern sprachen mit Stolz über das enge Familienverhältnis: alles wurde gemeinsam unternommen. Das Kind war immer dabei, wenn die Eltern Besuch hatten. Mit Kindern spielte er nicht, zumal er Sport nicht ausstehen konnte – er war nicht gut im Sport. Er zog es vor, zu lesen oder mathematische Probleme zu lösen.

Als wir ihn fragten, was er bei uns lernen wollte, verstand es sich für ihn von selbst, daß „nur Mathematik" in Frage kam. Wir nahmen ihn in den Mathematikkurs auf, baten ihn aber, noch einen weiteren Kurs zu belegen und zwar aus einem anderen Gebiet wie Logik, Philosophie, Naturbeobachtung, Sprachen, Skulptur, Soziales Denken, Kreatives Denken o. ä. Mit einem höflichen, aber überlegenen Lächeln schüttelte er den Kopf: das sei nichts für ihn. Die Eltern stimmten ihm zu, er wäre an all dem nicht interessiert und müsse doch ohnehin schon so viele uninteressante Dinge in der Schule lernen, was er ohne jegliche Lust tat, weil er und die Eltern es als Pflicht ansahen.

Ich lud die Eltern zu unserem Elternkurs ein. Beim ersten Treffen bitte ich die Eltern immer, von den Problemen zu sprechen, die sie mit ihren Kindern haben. Guys Eltern sahen gar keine Probleme und wußten auch nicht, warum es welche geben könnte; sie fanden es aber sehr interessant, von den Problemen der anderen zu hören und fühlten sich dabei sehr gut und in ihrer Erziehung bestätigt.

Die anderen Eltern sprachen über die Selbständigkeit und Autonomie ihrer Kinder, über Ausflüge in die Natur und Besuche von Ausstellungen, bei denen die Kinder die Eltern mit ihren vielen Fragen ermüdeten, über den alltäglichen Kampf der Eltern mit den Hausaufgaben der Kinder, darüber, daß die Kinder immer Erklärungen verlangten, wenn ihnen etwas nicht erlaubt war usw. Guys Eltern waren zunächst sehr erstaunt, daß die anderen Eltern offensichtlich mit ihren Kindern nicht umgehen konnten, aber dann wurde ihnen bald klar, daß sie Guys Umwelt sehr begrenzt hatten und deshalb keine Probleme hatten. In den engen Grenzen, in denen es nur intellektuelle Herausforderungen gab, war es für sie viel leichter, auch das Pflichtgefühl in Grenzen zu halten.

Guys Mutter war aufgeschlossener als der Vater. Als ich darüber sprach, daß ein Junge das Zusammensein mit dem Vater braucht, um seine Identität zu finden, protestierte der Vater. Warum solle die Mutter nicht dabei sein, wenn er mit dem Jungen spreche oder diese „unnützen" Auflüge mache? Die mache Guy doch ohnehin mit der Schule, und er hasse sie, weil er mit den anderen Kindern nichts gemeinsam habe; er sei nun einmal so ganz anders als alle anderen. Es brauchte viele Beispiele und Argumente meinerseits, bis der Vater einwilligte, allein einen Ausflug mit seinem Sohn zu machen, mit ihm über seine Probleme bei der Arbeit zu sprechen, ihm von seinen Sorgen und Mißerfolgen zu erzählen und wie er damit zurechtkäme; dies alles zu dem Zweck, daß Guy von ihm lernen und es wagen würde, sich Problemen zu stellen, die außerhalb des engen, intellektuellen Bezugsrahmens lagen, den ihm seine Eltern gesetzt hatten. Dem Vater machte es immer mehr Freude, mit seinem Sohn allein zu sein. Die Mutter fand sich zunächst nicht damit zurecht, aus dieser Vater-Sohn-Beziehung ausgeschlossen zu sein, konnte aber darüber sprechen und allmählich deren Bedeutung erkennen.

Nach einigen Ausflügen kam Guy zu mir und bat darum, an einem Kurs über Naturbeobachtung teilnehmen zu dürfen. Die

Gespräche mit dem Vater über dessen Arbeit erweckten im Lauf der Zeit in ihm Interesse an einem Kurs über kreatives Denken (decision-making). Die Liebe zur Mathematik blieb ihm erhalten und wurde durch unsere Kurse auch befriedigt und gefördert, doch das ängstliche, abhängige Kind in ihm lernte durch die anderen Kurse, kreativer, abenteuerlustiger und unabhängiger zu werden, wodurch seine ganze Persönlichkeit ausgeglichener wurde und er sich umfassender entwickeln konnte. Er traute sich nun auch, auf den Spielplatz zu gehen und fand heraus daß seine Schwäche im Fußball ihm mehr Freunde brachte als seine Stärke in der Mathematik. So lernte er auch, daß er nicht immer und in allem gut sein mußte und daß auch andere ihre Begabungen hatten, auch wenn diese auf anderen Gebieten lagen als die seinen. In Gesprächen konnten wir ihm klar machen, daß selbst der begabteste Wissenschaftler in einem Team arbeiten und seine Mitarbeiter mit ihren Schwächen und Stärken akzeptieren muß. Diese Einsichten wurden durch Kurse in Psychologie, politischem Denken und Leadership-Kurse vertieft. Sein Wissen und Können in Mathematik wurde dadurch nicht begrenzt, doch seine innere Welt wurde erweitert und bereichert.

Yaron ist der ältere Sohn einer Akademikerfamilie. Die Mutter war dem Vater beruflich überlegen und hatte diesen Status auch im Familienkreis inne. Yaron las im Alter von 3 Jahren Bücher und wurde von der Mutter in seiner geistigen Entwicklung sehr gefördert. Mit 4 Jahren konnte er zwei Sprachen sprechen und lesen, mit 5 schrieb er bereits ein Büchlein über positive und negative Zahlen.

Die Spiele, die ihm seine Mutter beibrachte, waren ausschließlich wissenschaftlich orientiert. Selbst als Kleinkind hatte er nie einen Teddybär oder anderes Spielzeug. Als er zur Schule kam, gab es schon im ersten Schuljahr Streit zwischen der Mutter und der Lehrerin. Yaron blieb oft zu Hause und seine Mutter unterstützte ihn darin mit der Behauptung, er lerne vom Fernsehen viel mehr als in der Schule. Sie untergrub die

Autorität der Lehrer wie auch die des Vaters völlig. Ihr Antrag, daß das Kind in eine höhere Klasse kommen solle, wurde abgelehnt, da Yaron emotional nicht reif genug und auch physisch nicht entwickelt war. Sport und Spiele galten als Zeitverschwendung. In der Schule lernte Yaron nur für die Fächer, die ihn interessierten und las dazu auch sehr viel. Er hatte keine Freunde und nahm an Ausflügen oder Klassentreffen nicht teil. Die Mutter war seine Mentorin und Freundin. Der Vater kam in diese enge Symbiose nicht hinein und gab mit der Zeit jeden Versuch auf. Da Yaron in bestimmten Fächern so hervorragend war, wurde bei anderen Fächern ein Auge zugedrückt.

Als er 13 war, kam er in unser Institut. Er bestand unsere Aufnahmetests mit sehr hohen Resultaten. Zum Interview kam selbstverständlich nur die Mutter mit. Sie sprach über seine Begabung und seine Schwierigkeiten in der Schule, die sie aber weiter nicht beunruhigten, da sie ihrerseits dieselben Schwierigkeiten hatte. Yaron sei ihr insgesamt sehr ähnlich.

Als wir nach dem Vater fragten, wurde uns gesagt, er sei so beschäftigt, daß er kaum Zeit für das Kind habe. Bei allen unseren Fragen korrigierte Yaron die Antworten seiner Mutter in Kleinigkeiten und wirkte dabei sehr nervös, was uns schon damals als Warnsignal erschien, daß Yaron in diesem Abhängigkeitsverhältnis in dieser Symbiose nicht so glücklich war. Als ich die Mutter darauf aufmerksam machte, meinte sie abwehrend, daß bei Yaron, der in allem so frühreif sei, eben auch die Adoleszenz früher einsetzte. Sie wußte auf alle Einwände eine Antwort, lehnte unsere Einladung zu den Elternabenden ab und wies auch unsere Bitte zurück, den Vater zu einem Gespräch mitzubringen.

Yaron nahm an Kursen in Mathematik und später auch an naturwissenschaftlichen Kursen teil. Er war sehr dominant in den Gruppen, hatte zu allem etwas zu sagen, korrigierte und kritisierte die Lehrer, gab nie nach, auch wenn man ihm bewies, daß seine Behauptung nicht richtig war und hielt die Lehrer nach den Kursen stundenlang mit Ideen und Argumenten fest. Als ihn unsere Psychologen darauf ansprachen, war er sehr überrascht, er hätte so viel zu sagen und das sei doch wichtig für alle. Auf die Frage, warum er nicht versuche, mit Freunden darüber zu sprechen, antwortete er, er habe keine Freunde und brauche auch keine, da sie seine Gedanken ohnehin nicht verstehen würden. Als die Mutter auf unsere Einladung zum Gespräch kam und ich ihr vorschlug, Yaron eine Therapie machen zu lassen (in unserem Institut führen wir keine Psychotherapie durch), meinte sie lediglich, daß wohl auch wir Yaron nicht verstehen würden und daß er keine Therapie brauche. Ich lud auch den Vater zu einem Gespräch ein, doch er kam nicht.

Als Yaron 15 war, setzte die Mutter durch, daß er das Abitur ablegen durfte. Er bestand das Abitur mit sehr guten Resultaten und immatrikulierte sich an der Universität. Bereits im ersten Studienjahr präsentierte er den Entwurf einer Arbeit, die von allen Professoren an der Fakultät mit großer Begeisterung aufgenommen wurde. Er schrieb die Arbeit, wollte sie aber nicht abgeben. Immer wieder mußte er noch etwas ändern und ergänzen. Er machte zu Hause üble Szenen, ging nicht mehr regelmäßig zu den Seminaren an der Universität, wollte immer seltener sein Zimmer verlassen und sprach tagelang kein Wort, vor allem nicht mit seiner Mutter.

Als die Mutter uns um Rat fragte, verwiesen wir Yaron an einen Psychotherapeuten. Er verlor jedes Interesse an seiner Arbeit, hörte langsam auf, kreativ zu sein und wollte weder lernen noch schreiben. Er redete nur noch von seinem Haß und seinen Aggressionen gegen die Mutter. Als Nachbarn sahen, wie er Katzen auf der Straße den Hals umdrehte und ihnen das Genick brach, kam er mit 18 Jahren ins Krankenhaus. Die Medikamente, die er von da an nehmen mußte, beruhigten ihn zwar, aber von Begabung und Kreativität konnten wir nach 7 Jahren nichts mehr erkennen.

Ich führe Guy und Yaron hier nacheinander an, um deutlich zu machen, wie wichtig die Entwicklung der **ganzen** Persönlichkeit ist, wenn wir begabte Kinder fördern wollen. Es gibt viele Gemeinsamkeiten in der Entwicklung von Guy und Yaron. Sie waren beide geliebte, behütete und beschützte Kinder. Sie waren in denselben Fächern begabt. Yaron war sogar begabter als Guy. Bei beiden wurde die Begabung von den Eltern sehr gefördert. Doch der Unterschied in ihrer Entwicklung brachte Yaron schließlich ins Krankenhaus, Guy dagegen zu einem Lehrstuhl und einer guten Ehe.

Guys Eltern hatten rechtzeitig eingesehen, daß selbst die größte Begabung nicht ohne Interaktion mit der Umwelt verwirklicht werden kann. Ihnen wurde klar, daß ihr Kind trotz seiner Begabung zunächst ein Kind bleibt, dessen Bedürfnisse befriedigt werden müssen und das sich entwickeln muß, wobei intellektuelle Anregungen allein nicht ausreichen, um sich mit dem männlichen Vorbild identifizieren zu können. Der Vater merkte, daß die Gespräche „von Mann zu Mann" mit seinem 10- oder 11jährigen Sohn sehr interessant waren und dem Kind Erfahrungen vermittelten, die ihm halfen, sich der Umwelt zu stellen.

Bei Yaron gab es solche Gespräche nicht, denn seine Mutter konnte sich im Unterschied zu Guys Mutter nicht zurücknehmen, um auch den Vater in die Erziehung einzubeziehen. Yarons Vater war wahrscheinlich auch zu schwach oder zu infantil, um für die Beziehung zu seinem Sohn zu kämpfen, und so hatte Yaron für seine seelische Entwicklung keine Identifikationsfigur. Seine Herausforderungen waren und blieben ausschließlich intellektuell.

Ein weiterer Unterschied in der Entwicklung der beiden Begabten besteht darin, daß Yaron nie Grenzen gesetzt wurden, während Guy sie zunächst immerhin im Familienleben erfuhr. Yarons Mutter, die nur an der intellektuellen Entwicklung interessiert war, setzte dem Kind gar keine Grenzen in der Interaktion mit seiner Umwelt. In der Familie durfte er alles, später in der Schule ebenso.

Auf meine Frage, warum er keine Freunde habe (mit 15), war die Antwort der Mutter, er sei Gleichaltrigen gegenüber offen, aber sie nicht ihm gegenüber. Er erzählte sehr viel über sich, doch die anderen wollten nicht zuhören. Auf meinen Einwand, ob Yaron denn auch den anderen zuhöre, meinte sie, Yaron habe so viel zu sagen und die anderen eben nicht. So begriff Yaron nie, daß er anderen nur in Grenzen von sich erzählen kann und ihnen andererseits auch etwas geben muß, indem er ihnen zuhört. Als ihm das schließlich in der Therapie vermittelt wurde, war es zu spät.

Eltern und ihr begabtes Kind

Begabung als Verantwortung der Eltern

In unseren Interviews fragen wir die Kinder, ob sie sich von ihren Eltern geliebt und akzeptiert fühlen. Sehr oft erhalten wir die Antwort „nicht so sehr“. Die Eltern fragen dann das Kind ziemlich bestürzt, ob es tatsächlich glaube, daß sie es nicht lieben würden, worauf das Kind dann antwortet: „Ihr sagt mir oft, daß ich die Schulaufgaben nicht mache, ihr seid böse, wenn ihr in die Schule kommen müßt, weil ich etwas angestellt habe. Wenn man böse ist, dann liebt man nicht.“

Viele Eltern gehen von diesen Interviews mit neuen Einsichten über die Beziehung zu ihrem Kind nach Hause. Eine der wichtigsten Erkenntnisse ist, daß das Kind das Gefühl und die Sicherheit braucht, daß es, so wie es ist, geliebt und akzeptiert wird. Eine zweite, nicht weniger wichtige Einsicht ist, daß es zwar nötig ist, Schulprobleme mit dem Kind zu teilen, aber ihm schon im frühesten Alter die Verantwortung zu überlassen. Es soll für die Erledigung seiner Hausaufgaben selbst verantwortlich sein. Wenn das Kind Schwierigkeiten in der Schule hat, werden die Eltern den Lehrer anhören und seine Sicht und seinen Ärger mit ihm teilen, ohne ihn dabei schlecht zu machen, und das Kind mit wehem Herzen seine Kämpfe allein austragen lassen. Eltern, die glauben, ihrem Kind dadurch zu helfen, daß sie es vor Lehrern immer verteidigen, damit „das kleine, hilflose Wesen“ dem „bösen“ Lehrer nicht allein gegenüber steht, tun dem Kind nichts Gutes, sondern erziehen es zu Abhängigkeit und Verantwortungslosigkeit.

Sehr oft wollen die Kinder ihre Sorgen mit den Eltern einfach nur teilen, sie wollen sich mitteilen, sie wollen Mitgefühl und nicht immer Ratschläge und Beschützung. Das Gefühl, den Eltern alles erzählen zu können, ohne gleich zurechtgewiesen zu werden, gibt dem Kind Sicherheit und die Kraft, Verantwortung zu tragen für das, was es tut oder nicht tut.

Viele Eltern meinen, daß die Erziehung des Kindes mit dem ersten Schultag an die Schule übergeht. Sie tun zwar alles, damit das Kind gut lernt und seine Pflicht erfüllt, überlassen aber die Erziehung den Lehrern und den Institutionen. Erziehung beginnt bei jedem Kind zu Hause und sollte auch während der Schulzeit zu Hause fortgesetzt werden, besonders beim begabten Kind.

Das beste Schulsystem basiert auf allgemeinen Normen und im besten Fall auf den Normen breiter Schichten. Diese Normen entsprechen aber dem begabten Kind nicht, weil es seinen individuellen Normen oder denen einer kleinen Gruppe gemäß behandelt werden muß. Deshalb irren sich die Eltern, wenn sie meinen, daß die Verantwortung für die Erziehung beim Lehrer liegt, sobald das Kind zur Schule geht. Die Individualität und Einmaligkeit des Kindes kann am intensivsten zu Hause durch die Eltern gefördert werden. Alles, was ihm außerhalb begegnet, kann helfen und anregen, aber die Hauptaufgabe liegt bei den Eltern.

Grenzen als Bezugsrahmen

Genau wie jedes andere Kind braucht auch das begabte die Liebe und Fürsorge der Eltern. In der Kindheit ist es ganz und gar von ihnen abhängig. Die zwischenmenschlichen Beziehungen zu Hause beeinflussen seine charakterliche Entwicklung entscheidend. Das heißt nicht, daß die Eltern den Forderungen ihres Kindes völlig nachgiebig und kritiklos gegenüberstehen sollen. Ein Kind, dem keine Grenzen und Regeln vorgegeben werden, von dem verlangt wird, daß es seine Grenzen allein findet und das immer nur nachgiebige Reaktionen erfährt, wird ängstlich und unsicher. Alle Kinder brauchen einen Rahmen, der sie auch vor ihren eigenen destruktiven Impulsen schützt und ihre innere Kontrolle über sie stärkt. Der Rahmen darf nicht zu eng sein, er kann flexibel sein, doch er muß klar sein, so wie ein Spiel klare Regeln, Mittel und Voraussetzungen hat. In diesem Rahmen kann es viele Alternativen geben, die dem Kind offenstehen.

Die emotionale Basis für die Entwicklung des Kindes ist die Liebe der Eltern (vgl. dazu den Abschnitt „Liebe und Haß"), die ihm die Sicherheit gibt, in die Welt hinauszugehen, die ihm unbekannt ist und die zu Abenteuern des Geistes und der Gefühle reizt. Die Eltern sollten zu Hause eine stimulierende Atmosphäre schaffen, in der das Kind gedeihen und seinen Bedürfnissen entsprechend Erfahrungen sammeln kann. Die Eltern können Anreize schaffen, sollten das Kind aber nicht zum Handeln antreiben. Wenn es aktiv wird, können sie es ermutigen und im einzelnen auf seine Zeichnungen, Ideen und Geschichten reagieren, sie sollten hervorheben, was gut ist und nicht nur das nennen, was nicht gut zu sein scheint. Sie sollten wohlwollend reagieren, aber dem Kind nicht schmeicheln, und sie sollten das Kind nicht dauernd in den Mittelpunkt des Interesses stellen.

Eltern brauchen ihr eigenes Leben. Mütter, die ihre Arbeit aufgeben, um beim Kind zu bleiben, spielen in ihrer Frustration oft eine problematischere Rolle, als wenn sie zur Arbeit gehen und erfüllt nach Hause kommen. Fürsorge, Liebe und Verständnis für das Kind sind so wichtig wie die physische Nahrung, doch der Preis sollte nicht das Aufgeben der eigenen Bedürfnisse der Eltern oder eines Elternteils sein. Die größte Gefahr liegt darin, daß die aufgegebenen Wünsche der Eltern auf das Kind projiziert werden und es dadurch unter Druck gebracht wird.

Viele Probleme begabter Kinder haben ihre Ursache in den Problemen der Eltern. In seiner natürlichen Entwicklung identifiziert sich ein Kind mit einem Elternteil oder mit beiden Eltern. Der übermäßige Ehrgeiz eines Kindes liegt im übermäßigen Ehrgeiz von Vater und/oder Mutter begründet, die nach Erfolgen urteilen und nicht entsprechend den Fähigkeiten und Handlungen (siehe den Abschnitt „Aggression als kreative Energie"). Es gibt Eltern, deren Beziehung zu ihrem Kind einzig und allein auf dessen Erfolgen beruht; sie sehen in seinen Erfolgen die auf sie zurückfallende Anerkennung durch andere. Sie bringen das Kind in Verlegenheit, wenn sie mit seinen Erfolgen prahlen und entfremden es so auch seinen Altersgenossen. Manche begabten Kinder spüren, daß sie nicht um ihrer selbst willen geliebt werden und fühlen sich dadurch verletzt, was sich manchmal bis zu Mißerfolgen in der Schule auswirkt. In Extremfällen beuten die Eltern ihr begabtes Kind aus und zwingen es, ständig stundenlang stillzusitzen und zu üben, um dann mit ihm vor anderen anzugeben; aber so vernachlässigen sie seine Gesamtentwicklung völlig. Das heißt aber nicht, daß Ehrgeiz und Zielstrebigkeit schlecht sind. Man sollte es nur nicht übertreiben, damit es nicht zur Belastung für das Kind wird. Die Erwartungen der Eltern können das Beste aus dem Kind herausholen. Sie sollten es nur gemäß der Persönlichkeit, den Bedürfnissen, der „Einzigartigkeit" des Kindes tun. Das richtige Maß herauszufinden zeichnet gute Eltern aus.

In einem unserer Erziehungsprogramme im Radio wandten sich erstaunlich viele Eltern dagegen, daß ihre Kinder „anders" sind. Ich kam zu dem Schluß, daß es Eltern gibt, die ihr begabtes Kind nicht verstehen. Sie können seine Überlegenheit nicht ertragen, wie z. B. ein Vater, der sich dagegen wehrte, seinen 8jährigen als begabt anzusehen: „Was ist schon dabei, daß er die Zeitung von A bis Z liest. Er sieht, daß ich es tue und dann liest er eben auch." Ein anderer Vater fühlte sich seinem Sohn unterlegen, weil er seine Fragen nicht beantworten konnte und das Kind für einen Angeber hielt. Andere Eltern sind gleichgültig gegenüber ihrem begabten Kind. Im allgemeinen erkennen diese Eltern die Einzigartigkeit der Begabung ihrer Kinder nicht, weil sie auf dem Standpunkt stehen: Was für mich gut genug war, ist auch gut genug für mein Kind. Sie merken nicht, daß ihr Kind anders sein könnte als sie; seine geistigen Interessen werden weder anerkannt noch ermutigt. Es gibt Eltern, die die natürliche Lernbegeisterung des Kindes einschränken; sie haben Angst, „seinen Kopf vollzustopfen" oder es zu einem „Angeber" zu machen.

Oft fördern die Eltern manifeste geistige, künstlerische oder praktische Fähigkeiten, merken aber nicht, daß es emotionale Bedürfnisse gibt, die befriedigt werden müssen, damit Begabung und Talente tatsächlich verwirklicht werden können, Bedürfnisse nach Gefühlen der Sicherheit, Zugehörigkeit, Achtung und Anerkennung. Potentielle Begabungen werden aber oft zum Problem oder führen sogar zu Krankheiten, wenn sie nicht verwirklicht werden können.

Verständnisvolle Eltern lassen das Kind ihre Zuneigung spüren und bemühen sich, seinen Bedürfnissen entgegenzukommen, ohne ihm nur nachzugeben. So schützen sie das Kind sowohl vor grenzenloser Freiheit, zu tun, was immer es will, wie vor einer autoritären, willkürlichen und einschränkenden Atmosphäre. Das Kind hat die Freiheit, auszuprobieren, sich umzusehen, Freundschaften mit anderen zu schließen und die Gesellschaft Erwachsener zu genießen, die zu Besuch kommen. Es hat eine Reihe von Möglichkeiten, seine normalen geistigen Interessen auszudrücken. Aber es wird nicht angetrieben oder gezwungen. Ein Kind, das von seinen Eltern unter Druck gesetzt wird, kann einen Widerstand gegen das Lernen entwickeln. Unter normalen Umständen findet es jedoch auf ganz natürliche Weise von selbst daran Freude.

Das kreative fördernde Elternhaus

Die Hilfe, die Eltern ihren Kindern geben, um im Leben zurechtzukommen, sind nicht Information und Wissen – das bekommen sie in der Schule und an der Universität. In unserer sich ständig wandelnden Welt ist das Wissen, das Kinder heute von uns lernen, ohnehin nicht adäquat, wenn sie groß sind. Die Hilfe, die Eltern geben können, ist allgemeiner Natur, eine Art Grundlage für alles, was die Kinder tun werden, in welche Richtung sie sich auch entwickeln mögen, d. h. eine kreative Grundeinstellung.

Viele Wissenschaftler behaupten, daß die Kommunikation mit der Umwelt durch Kreativität aufgenommen wird und daher nicht früh genug beginnen kann, wobei Kunsterziehung das Mittel zur allgemeinen kreativen Erziehung sei. Wenn ein Kind ein Gefühl für Materialien und deren Eigenarten entwickelt, offen in der Wahrnehmung der Umwelt ist und die wahrgenommenen Dinge aufeinander bezieht, lernt es mit der Zeit, diese Fähigkeiten auch auf andere Gebiete anzuwenden.

Dabei spielen die Eltern eine wichtige Rolle, denn durch sie kann das Kind schon in seinen fruhesten Jahren zur Kreativität ermutigt werden. Die Eltern sollten das Kind nie mit zuviel Ordnung umgeben, damit es nicht gezwungen ist, diese Ordnung aufrechtzuerhalten. Sie sollten es auf Dinge aufmerksam machen, um auf diese Weise seine eigene Wahrnehmung zu fördern, es sehen, hören und tasten lassen, um ihm Zugang zur Umwelt zu eröffnen. Kinder nehmen frühe Eindrücke zum großen Teil durch den Tastsinn auf. Jede Erfahrung des Kontaktes und der Kommunikation erfolgt zunächst durch die Berührung. Das Tastgefühl ist deshalb so wichtig, weil es das Selbst einerseits von der Umwelt abgrenzt, andererseits aber mit ihr in Berührung bringt. Indem man ein Kind eine Blume riechen, einen Baum in seinen Einzelheiten sehen oder das Fell einer Katze streicheln läßt, werden die ersten Schritte zur Kreativität getan. Man soll Kinder lehren, die Augen nicht nur zum

Sehen, sondern zum Schauen, die Ohren nicht nur zum Hören, sondern zum aufmerksamen Horchen, die Hände nicht nur zum Greifen, sondern auch zum Tasten und Fühlen zu gebrauchen.

Indem man Kinder zu künstlerischer Kreativität erzieht, werden sie insgesamt kreativer. Wenn man Sensibilität gegenüber einem Problem und Flexibilität in der Kunst erlernt, kann man sie auch auf andere Gebiete übertragen, weil auf diesem Weg Sicherheit gewonnen wird. Ist man auf einem Gebiet sicher, so wagt man sich auch an ein anderes heran.

Es ist also im Grunde die psychologische Sicherheit, welche die Übertragbarkeit der Kreativität von einer Domäne auf die andere ermöglicht. Daher sollte jede Erziehung zunächst diese Sicherheit fördern. Eine weitere Voraussetzung der Erziehung zur Kreativität ist die gewährte Freiheit, die während der kreativen Aktivität erfahren wurde. Untersuchungen über kreative Menschen zeigen, daß ihnen bereits als Kind Freiheit gelassen wurde, ihre Umwelt zu erforschen. Die Eltern reagierten mit Respekt auf die Ideen der Kinder, hatten Vertrauen zu deren Entscheidungen und machten ihnen klar, daß sie kreatives selbständiges Verhalten vom Kind erwarten. Die gewährte Freiheit sowie der geringe Druck zu konformem Verhalten spielten für die Entwicklung zweifellos eine große Rolle.

Eine weitere Aufgabe der kreativen Erziehung ist also, das Kind darüber aufzuklären, daß zum kreativen Lernen eine bestimmte Einstellung notwendig ist: Das Kind muß wissen, daß Kreativität von ihm erwartet wird. Das bedeutet nicht, das Kind unter Druck zu bringen oder zu Leistungen drängen, sondern betrifft seinen allgemeinen Zugang zur Umwelt. Wenn die Eltern selber kreativ sind und dem Kind durch ihr persönliches Beispiel diesen kreativen Ansatz vorleben, ist das nicht schwer zu vermitteln.

Wir haben Untersuchungen über die Unterschiede zwischen Familien, die kein begabtes Kind, ein begabtes Kind oder mehrere begabte Kinder haben, durchgeführt. Der sozio-ökonomische Hintergrund hatte keinen Einfluß auf die Entwicklung der

Kinder. Dagegen wird die Begabung der Kinder durch die Stimulationen im Elternhaus wie Bücher, Bilder, Ausflüge, Reisen geprägt. Die Leistungen der Eltern in ihrem Studium, besonders die der Mutter, zeigten eine hohe Korrelation zur Begabung der Kinder. Hinsichtlich der Beschäftigung der Eltern oder des Drucks ihrer Arbeit gab es keine Unterschiede. Große Unterschiede bestanden jedoch darin, was die Eltern mit den Kindern während ihres Zusammenseins machen und wie sie das tun: Interaktion wie Gespräche, Beteiligung des Kindes an den Problemen der Eltern, Aufklärung über Denkprozesse und Fragestellungen, Umgang mit Sprache und Ausdrucksweise (Analogien, Metaphern), gemeinsames Lachen und das heißt Hinweise auf den komischen Aspekt der Dinge. Das alles hat einen signifikanten Einfluß auf die Entwicklung der Begabung des Kindes. Ein weiterer Unterschied lag auch in dem Maß an Beständigkeit, Offenheit und Freiheit, das die Eltern sich und dem Kind gewähren. Besonders wichtig für die Kinder ist schließlich das persönliche Vorbild der Eltern, besonders das des Vaters.

Probleme, die Eltern bei ihren begabten Kindern sehen

Beim ersten Treffen unserer Elterngruppen bitten wir die Eltern, ihre Probleme zu schildern. Diese Probleme beziehen sich auf die Eltern selber und auf das, was sie bei ihren Kindern sehen. Den meisten gemeinsam sind Probleme mit der Diskrepanz zwischen der intellektuellen und emotionalen Entwicklung der Kinder, die sich auch auf die sozialen Beziehungen der Kinder auswirkt, Probleme mit dem Konformismus oder dem Perfektionismus der Kinder oder das Problem der „underachiever".

Gleich nach dem ersten Treffen sind viele Eltern erleichtert, weil sie sehen, daß andere ähnliche Probleme haben wie sie. Nach dem letzten Treffen hören wir oft, daß sie die Probleme vorher als die des Kindes gesehen hatten, während sie nach dem Elternkurs ihren Anteil erkennen. Wir bilden die Gruppen möglichst nach dem Alter der Kinder, weil die Probleme in jeder Altersgruppe verschieden sein können. Wenn aber Eltern zwei oder drei begabte Kinder haben – davon gibt es bei uns etwa vierhundert – müssen auch die anderen Altersstufen einbezogen werden, was manchmal sehr lehrreich ist.

Bei 6–9jährigen Kindern hören wir oft, sie seien verträumt, weinerlich, empfindlich, wütend, verletzlich, ängstlich, schamhaft, unsicher, brauchten viel Verstärkung, verlangten viel Aufmerksamkeit, seien oft gelangweilt, könnten nicht verlieren, müßten immer die Besten sein und vor allem: immer im Mittelpunkt stehen. All diese Eigenschaften erkennen wir als typische Kennzeichen der Diskrepanz in der Entwicklung der verschiedenen Aspekte der Persönlichkeit des Kindes. Die Eltern können sich oft nicht vorstellen, daß solche Verhaltensweisen sich auch wieder ändern.

Eine Mutter formulierte ihre Erfahrungen so: „Ich spreche mit dem Kind über die interessantesten Dinge wie mit einem gleichaltrigen Freund, und im nächsten Augenblick benimmt es sich wie sein dreijähriger Bruder. Ich bin nicht fähig, so rasch umzuschalten und benehme mich dann genauso kindisch.“ Viele Eltern lassen sich von den Kindern in Diskussionen verwickeln, was dem Kind recht ist, weil es so im Mittelpunkt des Interesses steht. Es nützt seine Intelligenz zur Manipulation aus. Dies versucht das Kind auch in der Schule, was ihm Probleme schafft; wenn dieses Problem zu Hause seine Fortsetzung findet, erreicht es das Kind auch zu Hause, der Mittelpunkt zu sein. Damit bewältigt es auch seine Eifersucht auf die jüngeren Geschwister und zieht die Aufmerksamkeit von ihnen auf sich. Durch diese Verhaltensweisen wird der Umgang mit Gleichaltrigen sehr erschwert, und wir hören daher oft, daß diese Kinder keine Freunde haben.

Zu Wutausbrüchen kommt es bei diesen Kindern normalerweise, weil sie nicht verlieren können bzw. immer gewinnen müssen. Sie können nicht verstehen, daß jemand besser ist als sie, da sie doch in der Schule immer die Besten sind. Der kleine Noam kam zu unserem Kurs über „Mathematische Spiele“.

Als ich eines Tages in den Kurs kam, weinte Noam wütend, zeigte auf seinen Mitspieler und sagte: „Er läßt mich nicht gewinnen". „Warum glaubst du, daß er Dich nicht gewinnen lassen will? Vielleicht spielt er besser als Du?", fragte ich ihn. Worauf Noam voll Überzeugung antwortete: „Das kann nicht sein. Ich habe bis jetzt bei jedem Spiel gewonnen."

Sehr oft gelingt den Kindern etwas nicht, weil sie in Gedanken viel schneller sind als ihre Motorik folgen und ausführen kann. Diese Kinder versuchen wir in unsere Kurse zu integrieren, in denen sie viel mit den Händen arbeiten. Doch es ist nicht leicht, dafür zu motivieren, denn sie wollen nur eins: Wissen! Meistens beklagen sie sich gleich, daß der Kurs ihnen zu langweilig sei. Langeweile entsteht nicht unbedingt, weil das Lehrmaterial nicht interessant genug ist. Sie ist oft der Ausdruck des Kindes für den Mangel an Aufmerksamkeit, den es im Kindergarten, in der Schule und bei unseren Kursen erlebt, weil es plötzlich nicht mehr wie zu Hause der Mittelpunkt ist.

Probleme mit den Schulaufgaben gibt es schon früher, aber bei den 8–12jährigen sind sie besonders ausgeprägt. Sie empfinden Aufgaben als Zeitvergeudung; in dieser Zeit könnten sie doch Neues lernen. Sie lesen oft in der Klasse die Aufgaben vom leeren Blatt ab, wogegen die Lehrer machtlos sind. Sie diskutieren ausgiebig, warum der Lehrer so oder anders lehrt und was er lehrt, denn was für das Kind nicht interessant ist, sollte seiner Meinung nach nicht gelehrt werden. Oft sind die Begabten sehr dominant in der Klasse und müssen immer recht behalten. Sie verlangen die gleichen Rechte wie die Eltern, ohne auch die Pflichten zu übernehmen. Sie akzeptieren keine Autorität und keinerlei Begrenzung und sind gegenüber ihren Geschwistern und Freunden sehr aggressiv, besonders verbal.

Viele Eltern sprechen über die begabten „underachiever". Diese Kinder ziehen sich zurück, werden verschlossen, haben keine Freunde, sind uninteressiert, zerstreut und vergeßlich. Wenn sie überhaupt etwas tun, geben sie beim geringsten Widerstand sofort wieder auf. In diesen Fällen müssen wir die verinnerlichten Aggressionen herausfordern, wie ich es im Kapitel über Aggression beschrieben habe. Es gibt auch den „underachiever“, der seine Potentiale bewußt unterdrückt, um nicht anders zu sein als seine Freunde. Wenn also seine Freunde schlechte Noten haben, wird er alles tun, damit er nicht besser ist als sie. Er tut es, um soziale Zugehörigkeit zu erringen, vielleicht auch, um die Einsamkeit zu vermeiden. Mädchen zeigen dieses Verhalten noch öfters als Jungen, da sie ihre Prioritäten auf die interpersonalen Beziehungen legen (siehe das Kapitel „Geschlechterunterschiede“).

Viele Eltern sprechen über die „Isolierung“ des Kindes – daß sie lieber allein sind als mit Gleichaltrigen zusammen. Gewöhnlich sind es die introvertierten Begabten, die über alles nachdenken müssen. In Gesprächen mit diesen Kindern hören wir dann, daß sie das Alleinsein genießen, es brauchen, um über Dinge, die sie interessieren, nachzudenken, sie auszuprobieren, zu experimentieren. Auf unsere Frage, ob sie kein Bedürfnis hätten, sich mit Freunden auszusprechen, antworten sie, daß sie gleichaltrige Freunde in der Schule hätten, sie fast immer erreichen könnten, wenn es ihnen danach sei. Daß sie eigentlich sehr zufrieden wären, allein sein zu dürfen, und ihre Eltern nicht verstehen würden, wenn sie sie immer wieder zu Freunden schicken oder ihnen Freunde „auf den Hals“ laden wollen.

Bei jüngeren und älteren Kindern hören wir häufiger von den Eltern, daß sie mit Selbstmord drohen. Sie finden schnell heraus, daß sie den Eltern, besonders der Mutter, damit Angst einjagen können und die Eltern dann nachgiebig werden. Kinder sind oft am Tod interessiert und stellen viele Fragen darüber. Ich bin dafür, klar und offen darüber zu sprechen, statt Märchen oder Beschönigendes zu erzählen, etwa, daß Tote im Himmel sind. Ein kleines Mädchen, deren Eltern die geliebte verstorbene Großmutter ins himmlische Paradies setzten, sagte mir: „Ich muß jetzt immer gehorchen und darf nichts Verbotenes tun, weil Oma alles von oben sieht und mir böse ist.“

Wenn ein Kind von Selbstmord spricht, sollte man ruhig darauf eingehen und das Kind auffordern, zu Ende zu denken, was Tod eigentlich bedeutet, wie irreversibel er ist, was es alles verlieren könnte, wenn es tot ist usw. Von Selbstmord zu reden ist bei Kindern oft eine „façon de parler“, um etwas anderes los zu werden. Im Gespräch darüber, warum sie Selbstmord begehen wollen, darf man allerdings auf keinen Fall das Gefühl des Kindes bagatellisieren.

Es gibt Kinder, die sich beklagen, daß sie allein seien, daß sie keinen Freund fänden. Im Gespräch hören wir dann, daß sie nur einen „perfekten Freund“ haben wollen, der genauso denkt wie sie und die gleichen Interessen hat. Diese Kinder finden aber auch unter Gleichbegabten keine Freunde, denn sie sind seelisch nicht reif dafür, auch andere anzuhören, den anderen zu sehen und zu verstehen.

Bei 10–15jährigen können die gleichen Probleme auftauchen, die ich bis jetzt beschrieben habe; das hängt oft davon ab, wann die Kinder in unser Institut aufgenommen wurden. In diesem Alter gibt es besondere Probleme mit Konformismus und Perfektionismus. Die Konformisten wollen nur zusammen mit ihren Freunden im Arbeitskreis sein. Sehr oft kritisieren die Eltern den schlechten Einfluß der Freunde. Dabei ist nicht unbedingt der Einfluß der Freunde schlecht, sondern der Drang des Kindes, mit seinen Freunden konform zu sein. Dieser Konformismus ist oft auch der Grund, warum die Kinder nicht Anführer ihrer Gruppe sein wollen. Sie wollen nicht anders sein und daher auch keine Verantwortung übernehmen. Dem Perfektionismus liegt die gleiche existentielle Unsicherheit zugrunde wie dem Konformismus und dem Widerwillen, Verantwortung zu übernehmen. Perfektionisten gehen immer nur den bekannten, ausgetretenen Weg der sicheren Leistung. Dadurch wagen sie aber nicht, ihre Kreativität einzubringen. In diesem Alter kommen selbstverständlich noch alle Adoleszenzprobleme hinzu, die bei manchen Begabten sehr stark sein können, gerade weil sie sich so gut artikulieren können.

Nach meiner Erfahrung mit Elterngruppen haben viele Eltern

genau die Eigenschaften, die sie bei ihren Kindern stören. Die ordnungsliebende Mutter klagt über den Perfektionismus ihres Kindes, der unsichere, alle Regeln einhaltende Vater über sein konformes Kind, die unsichere Mutter über die Schamhaftigkeit und Unsicherheit ihrer kleinen Tochter; der sehr verschlossene Vater beklagt sich über seinen verschlossenen, kontaktarmen Sohn. Eltern, die immer zu spät zu unserem Treffen kommen, kritisieren die Disziplinlosigkeit ihrer Kinder; ein Vater, der ständig über unsere Preise diskutierte, bevor er für die Kurse bezahlte, tadelte die kleinliche Berechnung seines Sohnes; eine Rechtsanwältin, die über alles diskutierte, bevor sie irgendeinen Rat von uns annahm, ließ sich darüber aus, daß ihr Sohn über alles und jedes diskutieren und philosophieren müsse. Ein Vater sagte einmal einsichtig: „Wenn ich nach einem langen Arbeitstag nach Hause komme, möchte ich selber Kind sein und mich nicht mit der Kindlichkeit meines Kindes auseinandersetzen."

Ist das genetisch oder umweltbedingt? Ist es wirklich so wichtig, diese Frage zu beantworten? Worum es mir geht, ist, daß die Eltern ihren Anteil am Verhalten ihres Kindes sehen. Was sie für ihre eigenen Eltern oder für ihren Partner nicht getan haben – für ihr Kind tun sie es vielleicht und ändern ihr Verhalten.

Eltern sollen wissen, daß sie die ersten und wichtigsten Lehrer ihrer Kinder sind. Sie lehren nicht nur Wissen, sondern auch „Erleben". Eltern leben ihren Kindern das Leben vor. Das persönliche Beispiel, das das Kind zunächst imitiert und nachher durch Identifikation verinnerlicht und integriert.

In den letzten Jahrhunderten – und auch heute noch in manchen Kulturen – lernten die Kinder die Realität durch das Spiel, das Erwachsenenaktivität nachahmt (man denke an die Bilder von Brueghel). Erst in der zweiten Hälfte unseres Jahrhunderts entwickelten sich Spiele, die den Bedürfnissen des Kindes entsprechen und auch Fähigkeiten des Kindes herausfordern.

Viele Eltern glauben, daß es erzieherisch wichtig sei, mit den Kindern als Kinder mitzuspielen, ihren Kindern nur „Freunde" zu sein. So fehlen den Kindern oft Identifikationsfiguren, die ihnen Werte vorleben, die nicht ihre Freunde sind, sondern ihre Eltern, die ihr eigenes Leben leben. Wie mir ein 22jähriger Mann sagte: „Meine Eltern wollen meine Freunde sein. Freunde hatte ich viele, Eltern keine.“

Die Entwicklung von Interessengebieten

Das persönliche Vorbild der Eltern ist auch für die Entwicklung besonderer Interessengebiete des Kindes sehr wichtig. Diese spezifische Entwicklung entspricht in etwa den Phasen der allgemeinen Entwicklung.

In der **ersten Phase**, etwa bis zum 7. Lebensjahr, lernt das Kind alles durch Nachahmung, durch Spiel und Interaktion mit der unmittelbaren Umgebung. In dieser Zeit ist die Prägung durch die Eltern ausschlaggebend für die allgemeine Entwicklung und die der spezifischen Interessen. Eltern, die auf die Umwelt eingehen, lesen, spielen, Interessen zeigen, sind das beste Vorbild für das sich entwickelnde Kind, so daß es seinerseits auf seine Umgebung reagiert, mit ihr Beziehungen aufzunehmen sucht und es wagt, mit Dingen zu spielen und sie aufeinander zu beziehen.

Das geschieht, indem man das Kind mitmachen läßt. Wenn die Mutter z. B. das Radio repariert, kann das Kind neben ihr stehen und sich erklären lassen, was sie gerade macht; evtl. kann es mit einem kleinen Hammer oder Schraubenzieher mitarbeiten. Wenn der Vater mit einer Schreibarbeit beschäftigt ist, kann das Kind mit seinen Zeichnungen daneben sitzen. Wenn die Eltern backen, kann das Kind schon in frühester Kindheit seinen eigenen Teig formen. So ein Kind wird dann auch bereit sein, Pflichten im Haushalt zu übernehmen, wenn es das Vorbild sieht und am Leben der Familie aktiv beteiligt wird. Wenn der Vater nach dem Essen seinen Teller vom Tisch abräumt, wird es das Kind schon von früh an auch tun. Wie das Kind seine Pflichten, sein Engagement und seine Interessen entwickelt, kommt ganz auf das persönliche Beispiel, das Objekt der Nachahmung und des verinnerlichten Spiels an. Denn es heißt auch, an den Interessen, Erfolgen und Mißerfolgen der Eltern teilzuhaben. Ich persönlich halte viel von einer gemeinsamen Mahlzeit am Tag, bei der alle Familienmitglieder ihre Freuden, Sorgen und Interessen aussprechen und bereden. Dabei lernen Kinder sehr viel.

Qualifizierte Untersuchungen kommen zu dem Ergebnis, daß die frühen Erfahrungen, die Kinder durch das aktive oder auch passive Interesse der Eltern machen, sie als Erwachsene zu hervorragenden Leistungen auf diesem Feld brachten. Eltern müssen sich jedoch bewußt sein, daß sie Kinder zwar herausfordern, nicht aber mit Erwartungen belasten dürfen. „Stimulieren, aber keinen Druck erzeugen“, ist die Devise, auch wenn es schwerfällt.

Farben und Papier sollten z. B. zur Stimulierung, zur Umgebung des Kindes gehören und nicht unbedingt an einer besonderen Stelle aufbewahrt werden. Das Kind wird auf diesen Reiz reagieren, wenn es keine Angst vor der Reaktion seiner Eltern hat, falls es sich oder das Zimmer schmutzig macht. Zuviel Ordnung beengt das Kind, macht es unsicher und später vielleicht auch obsessiv.

Daß der Einfluß der Eltern in dieser Entwicklungsphase ausschlaggebend ist, gilt für alle Kinder, aber für Begabte ganz besonders. Dabei geht es wie gesagt um den Einfluß durch persönliches Vorbild; durch Möglichkeiten, in der Umwelt des Kindes Dinge zu entdecken, zu erforschen und aktiv an ihnen zu arbeiten; dadurch, daß in Gesprächen die Umwelt des Kindes und die Umwelt der Eltern erklärt wird; schließlich durch die Förderung eines besonderen Interesses, ohne jedoch andere Gebiete zu vernachlässigen.

Die **zweite Phase** beginnt mit 7–8 Jahren. In dieser Zeit wird Wissen angesammelt, und es werden Fertigkeiten bzw. Arbeitsmethoden erworben. Nun gilt das Motto „Wenn eine Sache etwas wert ist, sollte man sie auch gut machen“. Doch auch jetzt sollten die Erwartungen nicht zu hoch angesetzt werden. Die Fähigkeiten des Kindes sollen herausgefordert werden, ohne daß gleich Perfektion erwartet wird. Schule und Lehrer sind nun Partner der Eltern in der Entwicklung des Kindes, aber Eltern dürfen nicht davon ausgehen, daß die Schule alle Interessen des Kindes befriedigt. Wenn ein Kind ein besonderes Interesse hat, soll es auch in dieser Phase seiner Entwicklung als gemeinsame Sache der Familie gefördert werden.

Die Schule – jede Schule, sogar die für hochbegabte Kinder – bringt das Kind in einen festen Bezugsrahmen der Gleichaltrigen, des allgemeinen Wissens und Könnens. Die Einzigartigkeit des begabten Kindes muß zu Hause oder in einem extracurricularen Rahmen weiter entwickelt werden. Es ist für die Eltern nicht leicht, die geeigneten Bücher und Materialien zum Experimentieren oder die richtigen Förderungsmaßnahmen zu finden. Denn es darf zu keiner zu engen Spezialisierung kommen. Dem Kind müssen vielerlei Möglichkeiten angeboten werden, auch andere Gebiete für sich zu entdecken. Ich habe es bei vielen erwachsenen Patienten erlebt, wie sie Jahre nach dem Studium, für das sie sich aufgrund des Interessengebietes ihrer Kindheit entschieden hatten, die Beengung ihrer Erlebniswelt entdecken mußten. Sie hatten sich zu früh auf ein Gebiet festgelegt und alles andere ausgeschlossen. Das ist z. B. oft bei Mathematikern der Fall. Bei musikalisch begabten Kindern kann der Zeitaufwand des Übens sehr belastend für das Kind sein. Es bleibt wenig Zeit für andere Interessen und für Freunde. Aber wenn die Eltern sich und das Kind nicht allzu ernst nehmen und das Spielerische in sich und im Kind wachhalten, kann man auch in solchen Fällen mit geringem Zeitaufwand Beziehungen knüpfen und entwickeln.

Wenn Kinder in diesem Alter ungern in die Schule gehen, müssen Eltern dem Kind erklären, daß die Schule nicht nur zum Lernen da ist, sondern auch, um mit Gleichaltrigen zusammen zu sein und daß diese Interaktion mit Gleichaltrigen genauso wichtig für sein Leben ist wie das Wissen, weil Interaktion zum

Leben gehört. Selbst der begabteste Wissenschaftler braucht sein Team, und der begnadetste Musiker muß mit dem Orchester arbeiten können. Der Rahmen, den die Schule auferlegt, ist mit seinen Methoden, Mitteln und Gesetzen die Erweiterung des häuslichen Rahmens und bereitet das Kind auf nachfolgende Erweiterungen in seinem Leben vor. Die Integration weiterer Rahmen im Leben hängt von diesen frühen Erlebnissen im Wachstum des Kindes ab und d. h., es hängt von den Eltern ab.

Die **dritte Phase** ist die der Gesetzmäßigkeit, der Verallgemeinerung und der Erschaffung von Modellen und Schlußfolgerungen auch im Blick auf das spezifische Interessengebiet. Mit ungefähr zwölf Jahren (was nicht heißt, daß es bei manchem Begabten nicht schon viel früher so weit ist), beginnt das Kind, die allgemeineren Aspekte der Dinge zu sehen. Es kann bereits selber Regeln entdecken; es kann sich Modelle bilden, wonach es denken und handeln kann. Die Gefahr in diesem Alter ist, daß die Modelle zu eng kategorisiert werden und die Dinge aus einer zu begrenzten Sicht wahrgenommen werden. Doch das brauchen Kinder, um die Unsicherheit, die in der frühen Adoleszenz entsteht, zu überwinden. Eltern können hier helfen, indem sie das Kind mit seinen Problemen anhören und ihm von ihren eigenen Problemen und ihrem Umgang damit erzählen. Auch hier ist das persönliche Beispiel der Eltern wieder sehr wichtig. Das Kind braucht für die Versuche auf seinem Interessengebiet das Lob der Eltern, weil es sonst kaum noch Anerkennung dafür bekommt. In dieser Phase muß das Kind, das bisher immerzu neue Reize gesucht und bekommen hat, eine gewisse Routine einhalten, was ihm nicht immer gelingt. Denn es ist langweilig, jeden Morgen in die Schule zu gehen, nachher die Schulaufgaben zu machen und nur wenig Zeit für das, was wirklich interessant ist, zu haben.

Es ist sinnvoll, Kinder im Alter von 12–14 Jahren zu sportlichen Aktivitäten anzuhalten. Denn Sport ermöglicht eine andere Art des Vergleichs mit Gleichaltrigen; dabei kann begabten Kindern auch deutlich werden, daß andere – auch wenn sie geistig weniger begabt sind – auf anderen Gebieten besser sein können. Es ist allerdings oft schwierig, begabte Kinder für Sport zu motivieren. Denn sie tun ungern Dinge, bei denen sie nicht die Besten sind. Wenn aber der Vater mit dem Jungen, die Mutter mit dem Mädchen zum Judo oder Schwimmen geht, kann das persönliche Beispiel helfen. (Es muß nicht unbedingt nach weiblich oder männlich getrennt zugehen, aber es ist notwendig, die Identifikation mit dem eigenen Geschlecht zu ermöglichen.) Wir müssen in diesem Alter Mittel und Wege vorbereiten, um die Aggression im folgenden Adoleszenzalter als Energie nutzen zu können, etwa beim Sport, bei Wanderungen und anderen körperlichen Aktivitäten.

Im Blick auf das spezielle Interessengebiet müssen neue Möglichkeiten geschaffen werden. Es kann Kindern helfen, sich an einem Wettbewerb oder Quiz auf ihrem Interessengebiet zu beteiligen oder sich selbständige Projekte zu verschiedenen Anlässen vorzunehmen. Es ist wichtig, daß das Kind sich auf seinem Gebiet einschätzen und messen lernt, um sich seiner Fähigkeit bewußt zu werden. Dabei finden sie jetzt auch oft einen Mentor, der sie weiterführt. Wir hören von vielen begabten Erwachsenen, daß sie mit 15 oder 16 Jahren durch einen Lehrer, einen Onkel oder eine Tante oder irgendeinen Menschen mit demselben Interesse gefördert wurden.

Die Eltern können dem Kind auf seinem Gebiet nicht mehr weiter folgen, aber sie müssen da sein, um ihm zuzuhören, ihm Kontakte zu ermöglichen und seine Freuden und Enttäuschungen mit ihm zu teilen.

Die **vierte Phase** ist die der Konnotationen, Interpretationen und Projektionen des Interessengebietes auf andere Bereiche des Wissens und Erlebens. In dieser Phase des beinahe Erwachsenen mit 17–18 Jahren sind die begabten Kinder schon auf sich selbst angewiesen. Sie haben die Möglichkeiten in sich, weitere Modelle, neue Beziehungen, weitergehende Interpretationen und Projektionen zu entwickeln. Das Kind gehen lassen zu können und einzusehen, daß es kein Kind mehr ist, aber trotzdem für es da zu sein und auch seine Überlegenheit zu akzeptieren – das ist der wichtigste Beitrag der Eltern in dieser Phase.

Diese vier Phasen können sich auf kürzere und auch längere Lebensabschnitte ausdehnen. Bei unseren Begabten sehen wir, daß der Prozeß bei ihnen schneller verläuft als bei anderen Kindern. Wir können daher die Beziehung des Kindes zu seinem Interessengebiet mit einem Liebesverhältnis vergleichen. Die erste Phase ist die der Verliebtheit, die zweite dient dem weiteren Kennenlernen des Liebesobjekts, in der dritten Phase wird erkannt, was dem Liebesobjekt eigen ist und in der vierten wird der Sinn dieser Liebe auf die ganze Erfahrungswelt des Liebenden bezogen. Zu alldem muß das Kind von seinen Eltern das Lieben und auch die Sicherheit, mit den umgebenden Dingen zu spielen, gelernt haben. Wie Norbert Wiener, der selbst ein hochbegabtes Kind war, sagte, braucht Galathea ihren Pygmalion. Ohne seinen Geist und seine Liebe kann sie nicht ins Leben gerufen werden.

Das Spielmodell in der Umwelt der Begabten

Spiel und Kommunikation

Ich frage Kinder oft, was ihrer Meinung nach das Gegenteil von „Spiel" sei. Die sehr verschiedenen Antworten repräsentieren verschiedene Eigenschaften ihrer Persönlichkeiten. Die Konformisten antworten: „Arbeit" oder „Lernen". Manche von den kreativeren Kindern sagen: „Nichtstun", „Langeweile". Die sehr kreativen sagen: „Tod", „Alleinsein", „Nicht-in-Kommunikation-Sein mit . . .".

Dies führte mich zur Kombination von Spiel, Kreativität und Kommunikation. Als ich anfing, mich mit diesem Problem zu beschäftigen, kam ich zu der Einsicht, daß Kinder durch Spiele nicht nur die Realität kennenlernen, sondern auch mit der Realität zu kommunizieren lernen.

Wir verwenden die Begriffe „Spiel“ und „spielen“, um viele ernste und nichtspielerische Situationen zu beschreiben. Wir sprechen von „Teamgeist, „Fair play“, von „herumspielen“. Psychologen erklären Mißverständnisse zwischen Menschen in Büchern über „Spiele der Erwachsenen“. Theologen sprechen über Menschen in ihrer Beziehung zur Religion in Begriffen von Spiel.

Dies verschiebt allmählich unsere gesamte Art, die Welt und uns selbst wahrzunehmen. Kommunikation und Leben werden mehr und mehr als Spiel betrachtet. Der Unterschied zwischen der psychologischen, akademischen und theologischen Einstellung liegt nur darin, wem das Aufstellen der Spielregeln zugeschrieben wird. Es sind sich alle einig in der Auffassung, daß wir durch Spiele die Realität kennenlernen. Es ist ein Lernen durch Aktion und durch Wechselbeziehungen der Persönlichkeit mit den Komponenten der Umgebung. Es ist Transaktion, die darauf zielt, sowohl der äußeren Umgebung Form zu verleihen, als auch dem kreativen Erleben des Individuums Ausdruck zu geben.

Das Spielerische lebt in jeder Persönlichkeit und kann durch Handlung, mit oder auch ohne Ziel, bewußt entwickelt werden. Durch das Spiel lernen wir, Entschlüsse zu fassen und Strategien für Konfliktsituationen zu entwickeln. Es ermöglicht uns, uns im Wettbewerb behaupten zu lernen und dies auf verschiedenen Ebenen auszuprobieren. Spiele stellen eine Art Einführung ins Leben dar, indem sie mit dem Gedanken vertraut machen, daß es Regeln gibt, die für alle gelten, die aber verschieden gehandhabt werden können. Spielen ist Experimentieren und Suche nach Alternativen. Dies schließt die Bewältigung von Mißerfolg und Fehleinschätzung mit ein. Dieser Prozeß – ein kreativer Prozeß – ist wie das Leben selbst. Er ist für den Augenblick des Spiels Ziel und Zweck des Seins. Spielen ist auf individuellem Niveau von bedeutsamer Wichtigkeit. Wenn ein

Kind alleine spielt, dann spielt es „mit sich". Dadurch kommt eine intrapersonale Kommunikation zustande, die kaum auf anderem Wege so bewußt werden kann.

Nur durch Spielen ist die Persönlichkeit imstande, kreativ zu wachsen und ihr Potential maximal zu nutzen. Im Prozeß des Spielens entdeckt das Individuum sich selbst und andere. Das Spiel macht Kommunikation überhaupt erst möglich.

Das Kind lernt gehen, sprechen und erkennen in spielerischer Weise. Es ändert seine Handlungen und Gedanken entsprechend dem, was es durch das Spiel lernt. Deshalb sind Kinder so kreativ. Das ist auch der Grund, warum wir dazu neigen, auf unsere Kindheit als eine besonders schöne Zeit zurückzublicken. Die Entdeckung aller möglichen wunderbaren Dinge durch Lernen und Spielen – all das erscheint uns Erwachsenen als verlorenes Paradies. Die Spiele der Kinder durchlaufen verschiedene Phasen: erst die der Wiederholung und Nachahmung, später folgt eine experimentelle Phase (12–18 Monate), danach das symbolisierende Spiel (2–7 Jahre). Das Spiel wird realistischer, wird aber noch nicht als Wettbewerb aufgefaßt; es ist individuell und Ich-bezogen. Es erhält Wettbewerbscharakter, wenn der Spieler im Laufe des Spiels die Entscheidungen seines Partners mit in Betracht ziehen muß. Individuelle Symbole werden objektiver und logischer (8–11 Jahre) und folgen einem Muster bestimmter Grundsätze und Regelungen, Regeln der Achtung und der kollektiven Disziplin. Dies ist der Erkenntnisschritt vom nachahmenden und handelnden Spiel zum wechselseitigen Spiel mit anderen und damit ein Schritt zur Reife.

Wir haben die Fähigkeit, mit dem Leben und der Realität in Verbindung zu sein, durch Spielen erlernt. Warum verlieren wir diese spielerische Einstellung und unsere Kreativität im Laufe unseres Lebens? Schon in den ersten Schuljahren lernt das Kind eine Unterscheidung zwischen Arbeit und Spiel. Arbeit ist eine ernste Angelegenheit, Spiel ist Unterhaltung. Arbeit ist zweckgebunden, während man sich beim Spielen vergnügt. Arbeit ist organisiert, während es beim Spiel kein System gibt usw. Viele

Erwachsene haben offenbar vergessen, daß Kinder die Wirklichkeit eigentlich durch das Spiel erfahren haben.

Wenn wir das in existentialistische Begriffe übersetzen, dann können wir sagen, daß das Spiel die Eigenwelt ermöglicht und die Mitwelt ihm die Mittel dazu gibt, damit das Kind mit seiner Umwelt in Kommunikation ist. Wenn die Umwelt keine Möglichkeit der Freiheit und der Wahl gibt, dann hört alles auf, Spiel zu sein.

Parameter des Spiels

Was bedeutet „spielen"? Was sind Parameter des Spiels? In jedem Spiel (s. Abbildung 6) gibt es die Mitwelt, die uns die Regeln und die Werkzeuge des Spieles setzt, und die Persönlichkeit der Spieler. Die Regeln der Mitwelt wie auch die dazugehörigen Werkzeuge und das erforderliche Wissen sind die äußerlichen Faktoren beim Spieler. Die inneren Faktoren sind seine Fähigkeiten. Diese müssen aber vom Ich des Spielers ge-

Abbildung 6:
Parameter des Spiels

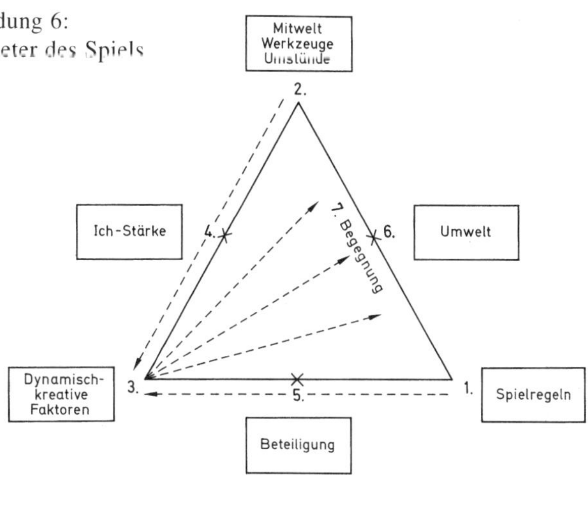

stärkt werden, damit er erlebt, daß er spielen **kann**, und sie müssen motiviert werden, damit er auch spielen **will**.

Die Ich-Stärke (4) wird zum großen Teil durch das Maß an innerer Sicherheit des Individuums bestimmt, was, wie schon gesagt, vor allem bedeutet, das Neue und Unbekannte aus der Innen- und Außenwelt an sich heranzulassen, sich mit den eigenen Potentialen diesen neuen Anregungen zu stellen und dadurch neue Reaktionen zu schaffen. Sicherheit ist besonders wichtig, um trotz Ängsten und Aggressionen agieren zu können und diese nicht als hemmend, sondern als zur Aktualisierung der Potentiale treibend zu erleben. Ich-Stärke könnte also nach dem Maß gemessen werden, in dem das Individuum es wagt, auf den Stimulus der Umwelt mit dem Potential seiner Eigenwelt zu reagieren. Es ist das Bewußtsein des eigenen Könnens. Je stärker das Ich, umso toleranter sind wir Neuem und Unbekanntem gegenüber, umso eher können wir das Wagnis eingehen, das eigene Potential auszunützen. Ich-Stärke ist bestimmend für die Möglichkeit, neuen Erlebnissen entgegenzutreten, d. h. Kommunikation zwischen der Eigen- und Umwelt zu ermöglichen und sie kreativ zu erleben mit dem Gefühl: ich kann spielen.

Motivation und Beteiligung (5) hängen einerseits von der Ich-Stärke ab; nur wer die Erfahrung hat, daß er spielen kann, will auch spielen. Die Motivationsaspekte können verschieden sein: der Spieler möchte akzeptiert werden und ein Teil des Spieles sein; er möchte die Erwartungen der Umgebung erfüllen; er möchte Erfolg haben und gewinnen; er möchte seine Grenzen prüfen; er möchte seine Fähigkeiten zeigen und was er damit machen kann. All das oder ein Teil davon steht hinter dem bewußten oder unbewußten Gefühl: ich will spielen.

Der Spieler hat seinen Gegenspieler (6), dessen Spiel im rationalen Denken des Spielers miteinbezogen wird. Dieses rationale Denken schließt auch Fertigkeit und Planungsvermögen des Spielers im Umgang mit den Regeln und Werkzeugen ein. Das rationale Denken wird in der äußeren Umwelt des Spielers angesetzt, die von der Diagonale 1–2 repräsentiert wird. Das linke Dreieck 4–3–5–4 ist die Eigenwelt des Spielers, in der sich die intrapersonale Kommunikation vollzieht. Nur wenn dies geschieht, kommt es auch zur interpersonalen Kommunikation mit der Umwelt. Auf dieser Diagonalen, die von 3 ausgeht, kommt es zum eigentlichen Spiel, zur Begegnung zwischen den zwei Spielern.

Um uns die Begegnung klar zu machen, können wir uns dasselbe Dreieck für den Gegenspieler vorstellen, der wohl die gleichen Regeln und die gleichen Mitwelt-Werkzeuge wie der Spieler hat, aber von seinen eigenen Fähigkeiten, seiner Ich-Stärke und Motivation im Zugehen auf die Umwelt bestimmt wird.

Das Spielfeld in diesem Modell ist die Begegnung zwischen zwei Spielern. Es kann aber auch auf jede andere menschliche Beziehung übertragen werden. Von diesem Konzept können wir viele existentielle Faktoren ableiten, wie die Begriffe Begegnung, Empathie, Dialog. Die Wechselbeziehung und Transaktion zwischen der Ich- und der Du-Innenwelt kann in endlosen Alternativen gezeichnet werden. Hier, auf dem Gebiet der Begegnung, spielt sich die kreative Beziehung ab. Wenn einer der zwei Partner die Grenze überschreitet und aus Intensität oder Besitzgier in die Innenwelt des anderen eindringt, kommt es zum Zusammenstoß, oder der andere zieht sich soweit zurück, daß gar keine Begegnung mehr stattfinden kann.

Es geht hier um das Bestreben des Individuums, seine Potentiale zu aktualisieren, um die Suche nach verschiedenen Spielmöglichkeiten bei gleichbleibenden Regeln, um das Bedürfnis, trotz der Unsicherheit des Resultats zu handeln und Ziele zu erreichen, die letztendlich weniger bedeutungsvoll sind als die Handlung selbst, nämlich der Prozeß des Spielens.

Die Regeln und Werkzeuge setzen nur den Rahmen, innerhalb dessen viel Spielraum bleibt. Kein Rahmen ist so eng, daß nicht Platz für einige Alternativen wäre. Dies gilt im Leben wie im Spiel. Denn die Hierarchie des Spiels kann als Mikrokosmos

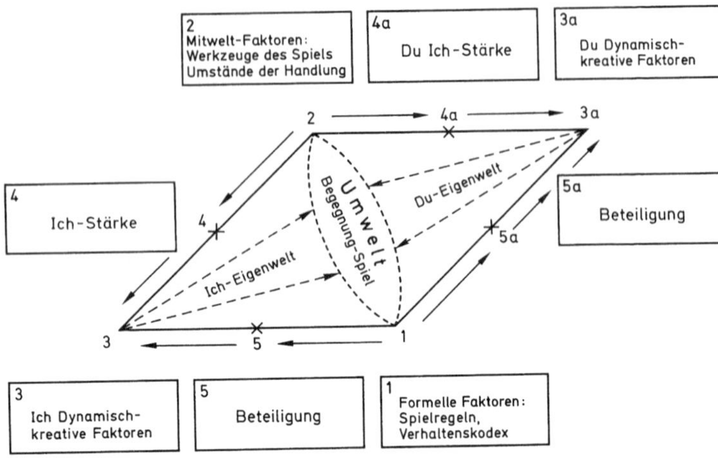

Abbildung 7: Das Spielmodell als existentielle Begegnung

des Lebens betrachtet werden. Ihre Regeln und Parameter bilden ein Modell für menschliche Einstellungen zum Leben, ein Modell der intra- und interpersonalen Kommunikation, ein Modell der Interaktion.

Die Interaktion des begabten Kindes mit seiner Umwelt

Auch die Beziehung des Kindes ist wie jede menschliche Beziehung wie ein Spiel, das seine Regeln und seine Umwelt hat – einen Rahmen also, in dem jedes Kind seinem Nächsten gemäß seinen Potentialen begegnet. In einer Welt, in der die Regeln gemäß dem Niveau des unteren Durchschnitts festgelegt werden, brauchen begabte Kinder aber besondere Verstärkung, damit sie ihre Potentiale auch verwirklichen können und nicht zum Problem werden.

Wenn die Regeln nicht deutlich oder aber unverständlich sind, oder wenn sie sich täglich verändern, dann gibt es keine Orientierung und keine Motivation zum Handeln und Spielen.

Hierzu gehört auch das nicht erklärte Handeln von Eltern und Lehrern, wenn sie sich Rechte nehmen, ohne diese auch dem Kind zuzugestehen bzw. Dinge tun, die sie dem Kind ohne Erklärung verbieten. Wenn die Regeln aber zu strikt und nicht flexibel sind, kann das Kind nur im engen Kreis dieser Regeln handeln und es nicht wagen zu wählen, d. h. auch andere Wege des Handelns und Spielens auszuprobieren. In manchen Fällen wird es sich dann sogar verschließen und gar nicht mehr anfangen, etwas zu tun.

Das gleiche gilt auch für die Mitwelt: Wenn sie zu konform ist und nur ganz bestimmte Werkzeuge zur Verfügung stellt, wird das Kind sich beengt fühlen, unsicher werden und nur das Allernötigste tun, was wir bei vielen Begabten erleben. Wenn die Mitwelt aber nur schwach umrissene, vage Werkzeuge zur Verfügung stellt, dann gibt es auch da keine Verstärkung für die Sicherheit des Kindes, so daß es gemäß seinen Potentialen spielen, d. h. auf die Umwelt zugehen könnte. Wenn Sicherheit und Ich-Stärke fehlen, können auch die eigenen und die von außen kommenden Aggressionen nicht als Antriebsenergie genutzt werden.

In anderem Zusammenhang habe ich bereits über die responsive Umwelt des Kindes gesprochen, die weder autoritär noch permissiv ist, sondern einen Rahmen setzt und dem Kind die Freiheit läßt, in diesem Rahmen seine eigenen Alternativen zu wählen, und darauf dann wieder reagiert. Im allgemeinen wollen Kinder einen Rahmen, begabte Kinder wehren sich gegen die Enge des Rahmens, aber nicht gegen den Rahmen selber. Ein erwachsener Patient formulierte im Rückblick auf seine Umwelt und seinen Umgang damit: „Ich war so sehr beschäftigt, den Rahmen, die Grenzen zu suchen, daß ich keine Freiheit mehr hatte, Alternativen innerhalb des Rahmens zu sehen."

Die Umwelt des Kindes, auch des begabten Kindes, soll einen Rahmen setzen, und das Kind soll seine Grenzen haben. Diese setzen ihm die Eltern und Lehrer durch Regeln und die Mitwelt durch Werkzeuge, Mittel, Wissen und allgemeine Atmosphäre. Wenn dieser Rahmen Sicherheit gibt, erfährt das Kind, daß es handeln **kann**; wenn er ihm genug Bewegungsfreiheit gibt, **will** es auch handeln. Auf begabte Kinder bezogen sieht unser Diagramm nun folgendermaßen aus:

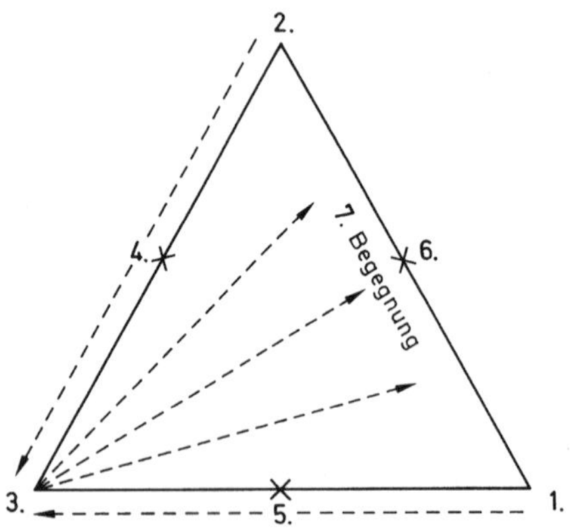

Eigenwelt

3. Das begabte Kind mit seinen Fähigkeiten, seiner Kreativität (das Selbst).
4. Sicherheit und kreative Aggression, die dem Kind den Wagemut geben, seine Fähigkeiten zu akzeptieren, mit der Umwelt in Kommunikation zu sein: „Ich kann."
5. Motivation, die die innere Beteiligung des Kindes im Handeln ist, um mehr von seinen Potentialen in der Kommunikation mit der Umwelt zu investieren: „Ich will."

Umwelt

1. Die Regeln, die in ihrer Striktheit und Flexibilität die Bewegungsfreiheit ermöglichen und Herausforderungen stellen.
2. Die Werkzeuge, Wissen und andere Hilfsmittel, wie auch die allgemeine Atmosphäre.
6. *Die Mitwelt*, Bezugspersonen wie Eltern und Lehrer, Freunde, Mitschüler.

7. Auf der Diagonale 1–2 kommt es zum Spiel, zur Begegnung der Eigenwelt des Kindes mit seiner Umwelt.

Abbildung 8:
Das Spielmodell der Begegnung des begabten Kindes mit seiner Umwelt

Wenn die Eltern zu Hause keine Grenzen setzen und keinen Rahmen vorgeben, wird das Kind Schwierigkeiten haben, sich an einen Rahmen zu gewöhnen (wie im Falle von Yael). Wenn die Eltern ihren Rahmen den Regeln der Schule anpassen, dann wird das Kind in einen Rahmen gezwängt, in dem es nicht genügend Freiheit und Sicherheit bekommt, weil es in den Quellen seiner Ich-Stärke und Motivation eingeschränkt wird. Wie schon häufiger erwähnt, dürfen die Eltern begabter Kinder sich im Blick auf die Förderung der besonderen Begabung nicht auf die Schule verlassen. Dies muß im Rahmen des Elternhauses geschehen, in dem es folglich einen anderen Rahmen gibt als in der Schule.

Doch um das Kind im gegebenen Rahmen zu fördern, müssen sich die Eltern motiviert und stark genug fühlen. Yaels Eltern konnten das nicht. Wenn Lehrer Probleme mit begabten Kindern haben, liegt es sehr oft daran, daß sie sich nicht stark genug oder nicht ausreichend motiviert fühlen, um die Regeln und Hilfsmittel des Lernens flexibler für ein Kind zu gestalten (siehe Abbildung 7, in der das DU Lehrer oder Eltern sein können).

Im Falle von Gadi und Lior (im Kapitel „Das begabte Kind“) versuchte ich zu zeigen, wie ein Kind mit den gleichen Regeln und in der gleichen Mitwelt der Schule durch die Eltern entweder bestärkt oder aber verunsichert wird. Gadi wurde für sein selbständiges Denken gelobt, was seine Sicherheit – das Gefühl „ich kann“ – und seine Motivation verstärkte, so daß er sich in den vorgegebenen Regeln und in der Mitwelt der Schule zurechtfand. Er konnte der Lehrerin in dem entsprechen, was sie als Regel ansah, während er bei den Eltern die Unterstützung fand, die es ihm ermöglichte, seine Potentiale zu zeigen. So konnte er begreifen, daß in der Schule nach anderen Regeln gehandelt werden muß als zu Hause.

Lior hingegen wurde von den Eltern dauernd zurechtgewiesen, was seine Sicherheit und das Gefühl „Ich kann“ noch mehr schwächte. Wenn er nicht konnte, dann wollte er auch nicht und zog sich in seine äußerste Ecke (3) zurück, ohne es noch zu wagen, seine Potentiale zu zeigen. Dadurch kam es zu keiner Begegnung mit der Umwelt.

Begabte Kinder brauchen mehr als andere Kinder Sicherheit und Freiheit, um ihre Potentiale zu zeigen und durch den Kontakt mit der Umwelt zu verwirklichen. Man muß stark sein, um den Mut zu haben, einen nicht konformen Gedanken auszudrücken oder eine ungewöhnliche Frage zu stellen, die den anderen und auch dem Kind zunächst unklar ist. Wenn das Kind nicht fragt, bleibt es im Unklaren; wenn es aber seine Frage stellt, kann es daran weiterdenken und -arbeiten, wie ich es im Falle des kleinen Alex beschrieben habe.

Das freie Kind stellt seine Fragen ohne Hemmungen, weil es kommunizieren will. Wenn es aber einmal kein Verständnis für seine Frage gefunden hat und erlebt, daß seine Fragen oder Bemerkungen anders sind als die der Gleichaltrigen, wird es verunsichert und wagt nicht mehr zu fragen. Die Mitwelt soll die Atmosphäre schaffen, in der das Kind sich sicher fühlt, um seine Fragen zu stellen. Wenn es dafür Verständnis findet, kann es sein Anderssein ertragen.

Das Aufblitzen des Verständnisses in den Augen der Lehrer hat so manches begabte Kind aus seiner einsamen Ecke herausgeholt. Eli hatte in der ersten Klasse eine Lehrerin, die ihn sehr mochte und seine Fähigkeiten beachtete. Sie stellte ihm manchmal herausfordernde Aufgaben, die er sehr gern machte. In der zweiten Klasse bekam er eine andere Lehrerin, die darauf bestand, daß Eli wie alle anderen die Rechenaufgaben genau und detailliert aufschreiben solle. Eli konnte aber alles im Kopf lösen und sah nicht die Notwendigkeit ein, alles niederzuschreiben. Die Lehrerin versteifte sich immer mehr auf ihren Standpunkt, Eli dagegen wurde immer unsicherer und verkroch sich in seine Ecke. Da verbrachte er zwei Jahre als schlechter Schüler. Die Eltern, die von der Lehrerin hörten, Eli bringe nicht, wozu er eigentlich fähig sei, forderten ihn immerzu auf, die Aufgaben zu machen, so daß er auch zu Hause keine Verstärkung hatte. In der vierten Klasse kam eine neue Lehrerin. Eli war der schlechte Schüler der Klasse geworden, und man sprach gar nicht mehr über seine Fähigkeiten. Die junge Lehrerin machte eines Tages ein Experiment, wozu sie einen Apparat brauchte, mit dem sie nicht zurechtkam. Als sie sich damit herumplagte, ging Eli, der auf das Experiment neugierig war, hin und brachte alles in Ordnung. Die Lehrerin sah ihn dankbar und anerkennend an. Während des Versuchs wagte Eli es dann auch, eine Frage zu stellen, die die Lehrerin den Kindern eigentlich zum Abschluß des Experiments stellen wollte. Da blitzten ihre Augen voller Verständnis auf. Nach zweieinhalb Jahren empfand Eli wieder Verständnis und Akzeptanz. Dankbar nahm er diese an und wagte es, aus seiner Ecke heraus auf die Lehrerin zuzugehen. Für sie war er dann auch bereit, die Aufgaben genau aufzuschreiben.

Wir kennen viele Fälle, in welchen sensible Lehrer dem Kind die Sicherheit gaben, die ihnen zu Hause abging. Ein gutes Beispiel dafür ist der zehnjährige Ronen. Sein Vater war Fußballspieler und hatte viele Freunde. Der Vater lachte über jede kluge Antwort des Kindes und erzählte in Ronens Gegenwart alles seinen Freunden. Ronen war viel mit seinem Vater und seinen Freunden zusammen und war eine beliebte Zielscheibe für „gutgemeinten" Spott. Ronen las gern, doch der Vater machte sich darüber lustig.

Ronens Lehrerin bemerkte, daß er immer fahriger und sehr verspannt wurde. Er war passiv, ohne Motivation, unsicher in allem, was er tat, wagte nie spontan zu sein oder zu spielen. Bevor er an eine Arbeit ging, mußte er ganz sicher sein, daß ihm alles gelingen würde.

Die Lehrerin nahm an einem unserer Elternkurse teil und trug Ronens Geschichte mit viel Engagement und Mitgefühl vor. Sie spürte, daß Ronen durch die Art des Vaters sehr verunsichert wurde, was zur Verdrängung seiner Potentiale führte. Sie sprach mit Ronen über die Möglichkeit, nachmittags an verschiedenen Kursen teilzunehmen. Die Lehrerin tat das zunächst, um Ronen von seinem Vater und seinen Freunden fernzuhalten. Doch mit der Zeit konnte sie sehen, daß Ronen trotz seines Zwiespalts, am interessanten Kurs teilzunehmen oder mit dem vergötterten Vater und seinen Freunden zusammenzusein – sehr viel von diesen Kursen im Unterricht einbrachte. So konnte sie sehen, daß sie mit ihrer Vermutung, Ronen sei besonders begabt, recht gehabt hatte. In unseren Arbeitskreisen war er sehr aktiv, originell im Denken und ging mit der Zeit auch mutig an Probleme heran. Als er bei einem Astronomie-Quiz bei uns mit sehr viel Wissen und Charme einen Preis gewann, war der Vater zunächst stolz (Erweiterung seines Egos), wurde dann aber auch nachdenklich und war bereit, im Gespräch mit uns über seine Art zu reden. Er versuchte auf unseren Rat hin, mit Ronen allein zu sprechen, nicht nur in der Gesellschaft seiner Freunde. Er begann, seinen Sohn nicht mehr als sein Spielzeug zu betrachten, sondern ihn als selbständig denkenden Menschen zu behandeln. Das Gesagte möchte ich folgendermaßen zusammenfassen:

- Das begabte Kind braucht einen Rahmen und seine Grenzen wie jedes andere Kind.
- Eltern sollten den häuslichen Rahmen nicht dem Rahmen der Schule anpassen.
- Lehrer können den Rahmen des begabten Kindes in der Schule flexibler gestalten, indem sie seine Eigenwelt verstehen.
- Der Rahmen soll gesetzt werden, doch die Freiheit der Alternativen soll erlaubt und herausgefordert werden.
- Es gibt keinen Rahmen, wie eng er auch sei, innerhalb dessen es keine Alternativen gäbe.
- Wenn das Kind von frühester Kindheit an lernt, daß es in jeder Interaktion Regeln und Umstände, d. h. einen Rahmen gibt wie im Spiel, wird es während seines Wachstums die spielerische Einstellung entwickeln. Diese Einstellung gibt ihm das Bewußtsein, daß es in jedem Rahmen Alternativen wählen und auch dafür verantwortlich sein kann.

Führungsqualitäten („Leadership“) und Verantwortung*

Zur Interaktion zwischen den Fähigkeiten der Begabten und dem Einfluß der Umgebung

In der Fachliteratur über das Phänomen „Leadership“ finden wir drei Theorien. Die erste behauptet, daß Führungsqualitäten zu den Persönlichkeitseigenschaften des „Leaders“ gehören. Die zweite Theorie legt den Schwerpunkt auf die Situation, die eine Person zum Leader macht, und die dritte sieht „Leadership“ in der Interaktion zwischen der zu einem bestimmten Zeitpunkt gegebenen Situation einer Gesellschaft und dem geeigneten Menschen als „Leader“.

Dieser dritte Ansatz ist der umfassendste: Die Bedürfnisse des „Leaders“, seine Fähigkeiten zu aktualisieren, einen Status zu erreichen usw., werden dadurch befriedigt, daß die Gesellschaft ihn akzeptiert, weil er seinerseits ihre Bedürfnisse durch seine Aktivitäten und seine Persönlichkeit befriedigt.

Die Eigenschaften, die dem „Leader“ in der Fachliteratur zugeschrieben werden (zum großen Teil handelt es sich dabei um politische „Leader“) sind Empathie und Offenheit den Bedürfnissen der Umgebung gegenüber, Verständnis für und Einsicht in menschliche und soziale Probleme, seelische Reife und Gleichgewicht (emotional balance), Bewußtsein der individuellen und sozialen Rechte und Pflichten und der darin eingeschlossenen Verantwortung, Verständnis für die Regeln einer Gesellschaft und die Fähigkeit, Entscheidungen zu treffen.

Weitere Eigenschaften sind Dominanz, Ehrgeiz, Zielstrebigkeit, Ausdauer, physische Energie, Überzeugungskraft, Organisationstalent, Selbstbewußtsein und – Mut.

---

* Aus verständlichen Gründen möchte ich das Wort „Führer“ nicht gebrauchen und verwende stattdessen die englischen Begriffe Leader/Leadership.

Max Weber (1963 u. 1968) äußerte sich als einer der ersten darüber, daß die Eigenschaften eines „Leaders" sich nur durch die Interaktion mit den Bedürfnissen der geführten Gruppe entwickeln können. Zur Zeit wird in der wissenschaftlichen Forschung zu diesem Thema überwiegend davon ausgegangen, daß die Eigenschaften des „Leaders" zwar wichtig seien, daß jedoch die Funktion der Anhängergruppe, ihre Bedürfnisse und Ziele, in einer gewissen Situation genauso entscheidend seien.

In Untersuchungen über die Korrelation zwischen Intelligenz und „Leadership" können wir diese These bestätigt finden. Wohl ist die Korrelation sehr hoch, sie ist jedoch nicht absolut, sondern hängt von der Gruppe ab. In einer Gruppe, deren IQ-Wert im Durchschnitt bei 100 lag, war der des „Leaders" 115–130. Diejenigen, deren IQ mehr als 130 betrug, hatten die Rolle des „Leaders" in dieser Gruppe nicht inne. Sie waren aber „Leader" in Gruppen, deren IQ im Durchschnitt 130 war.

Die meisten Untersuchungen beziehen sich auf Erwachsene, zum Teil auf Adoleszenten, auf Kinder jedoch kaum. Aufgrund meiner Erfahrungen gehe ich jedoch davon aus, daß wir schon bei Kindern die Eigenschaften der „Leader" feststellen und entwickeln können. Wir konfrontieren sie mit sozialen Problemen, an denen sie ihre potentiellen Fähigkeiten entdecken und entwickeln können. Das hilft ihnen auch, das Vorurteil abzubauen, man werde als „Leader" geboren, was wir von Kindern und Eltern oft hören.

Im Interview mit unseren begabten Kindern fragen wir sie auch, ob sie die „Leader" ihrer Freunde seien. Ihre Antworten sind oft überraschend. Viele antworten mit „Nein", weil sie glauben, wir erwarten von ihnen, daß sie wie die andern sind. Andere antworten, daß ihre Freunde sie nicht als „Leader" akzeptieren, weil sie nicht „stark" oder sportlich genug seien. Viele sagen, sie seien nicht zum Leader geboren, sie „seien eben nicht so". Sehr viele antworten, daß sie die Rolle des „Leader" gar nicht wollen. Auf unsere Frage, warum nicht, erhalten wir Antworten wie die folgenden: Warum denn ich? Sollen doch die anderen Anführer sein. Vor allem: Warum Verantwortung übernehmen?

Diese Antworten bestärkten mich in der wachsenden Überzeugung, daß die Krise unserer modernen Welt darin besteht, daß begabte Menschen zu individualistisch und egozentrisch sind, um Verantwortung zu übernehmen. Die intellektuelle Rationalisierung ihres Mangels an sozialem Engagement ist, daß sie ihre Energie für andere Prioritaten brauchen. Aber emotional ist es leichter für sie, sich hinter anderen zu verstecken. Oft sind sie sich auch ihrer sozialen Fähigkeiten nicht bewußt, da sie sie nie erprobt haben. In ihrer Unsicherheit glauben sie, die Erwartungen an einen „Leader" seien so hoch, daß sie ihnen nie entsprechen würden; daher haben sie gar nie versucht, Verantwortung zu übernehmen.

Entwicklung des Verantwortungsgefühls

Verantwortung ist etwas, was wir entwickeln, denn wir werden nicht verantwortlich geboren, genauso wenig wie wir als „Leader" geboren werden. Nur durch den Versuch der Aktualisierung unserer Potentiale können wir herausfinden, ob wir es sein können oder nicht. Durch Ausprobieren erarbeiten wir uns Sicherheit und entscheiden uns dann aus innerer Freiheit, das zu sein, was wir können, und dafür auch verantwortlich zu sein. Dazu brauchen wir eine fördernde Umgebung und Mut, damit wir wagen, unsere Potentiale und Fähigkeiten zu zeigen. Denn es kann durchaus sein, daß wir dabei auch auf Ablehnung stoßen. Jeder kreative neue Schritt führt uns weg von beschützenden stereotypen, bekannten Wegen; wir sind damit allein, bis der erste anerkennende Blick eines anderen uns ermutigt – oder auch entmutigt. Durch Erfahrungen im Umgang mit seinen Führungsqualitäten gewinnt ein Kind Sicherheit dafür, was es kann und dann auch will: „Leader" zu sein und Verantwortung zu übernehmen.

Dabei entwickelt sich eine Interaktion zwischen Fähigkeiten

und Bedürfnissen. Unsere aktualisierten Fähigkeiten wecken in uns die Bereitschaft, Verantwortung zu übernehmen; die Verantwortung führt uns zu weiterer Aktualisierung der Fähigkeiten. Je begabter das Kind, desto mehr Fähigkeiten müssen aktualisiert werden und desto mehr Verantwortung muß vorhanden sein.

Viele Eltern glauben, sie müßten ihr Kind vor zu früher Verantwortung schützen; andere sind der Meinung, sie sollten dem Kind möglichst früh die volle Verantwortung überlassen. Das Maß an Verantwortung muß dem Lebensbereich, den Bedürfnissen und den Fähigkeiten des Kindes angepaßt sein. Wenn wir die Kinder im Interview fragen, ob sie „Leader“ ihrer Gruppe sind, antworten in vielen Fällen die Eltern, daß sie das Kind nicht dazu erziehen. Aber begabte Kinder sind „Leader“ durch ihr Verhalten und ihr Wissen, wenn sie sozial aufgeschlossen sind. Wir müssen Eltern und Kindern erklären, daß „Leadership“ sich nicht nur durch aggressives Verhalten, sondern auch als Vorbild im Verhalten äußert.

Viele sind der Ansicht, nur ein physisch starkes Kind könne ein „Leader“ sein. Daraus schließe ich, daß viele Eltern und Kinder „Leader“ als stark, aggressiv, überzeugend, egoistisch und ehrgeizig sehen. Solch eine Führungspersönlichkeit wird immer im Vordergrund einer schattenhaften und machtlosen Masse gesehen.

Dieses Vorurteil vom starken „Leader“ kommt aus der Tierpsychologie, die „Leader“ immer auch im Männlichen sieht und davon ausgeht, daß man als „Leader“ geboren wird, „Geschichte macht“ und neue Situationen schafft. Die Psychoanalyse steuert die frühen Kindheitserlebnisse der individuellen Sozialisation zur Erforschung von „Leadership“ bei. Die Lerntheorien betonen die äußeren Einflüsse auf das Individuum, das zum „Leader“ wird.

Ich gehe, wie gesagt, davon aus, daß „Leadership“ wie jede andere Begabung im weiten Bereich der Interaktion zwischen individuellen Fähigkeiten und gesellschaftlichen Bedingungen liegt. Diese Interaktion zwischen Eigen- und Umwelt des begabten Kindes gibt ihm die Möglichkeit, sich seiner Fähigkeiten bewußt zu werden, was ihm Sicherheit verleiht, so daß es die Herausforderungen der Umwelt annehmen kann und verantwortlicher „Leader" sein will.

Unserem existentiellen Zugang gemäß versuchen wir, begabten Kindern das Konzept der existentiellen Freiheit sehr früh beizubringen. Wir vergleichen den Menschen mit einem Zündholz: wenn das Zündholz zu brennen beginnt, geht es auf sein Ende zu. Solange es brennt, kann es alles anzünden, es kann Wälder durch Feuer zerstören, destruktive Explosionen verursachen, aber es kann auch das wärmende Feuer im Ofen, den Herd, auf dem gutes Essen gekocht wird, oder festliche Kerzen entzünden. Der Mensch geht von Geburt an auf das Ende seines Lebens zu. Was er im Lauf seines Lebens tut, kann gut und schlecht sein. Der Unterschied zwischen dem Menschen und dem Zündholz liegt darin, daß der Mensch bestimmen kann, wie er sein Leben gestaltet, während das Zündholz sich dessen, was es kann oder will, gar nicht bewußt ist.

Ohne Freiheit und Sicherheit kann sich das Kind seiner Fähigkeiten und seines Wollens nicht bewußt werden. Ohne „Wollen" gibt es keine Handlung, keine Aktualisierung der Potentiale und kein Bewußtsein dessen, was es kann. Ohne dieses Bewußtsein des Wollens und Könnens gibt es keine Verantwortung.

Verantwortung hängt auch von den Werten der Umwelt ab. Werte sind nur dann vorhanden, wenn das Individuum sich seiner Potentiale bewußt ist, in seiner Umwelt engagiert ist und von seinen Eltern und Lehrern diese Werte mitbekommt. Werte können sich im Laufe des Wachstums der Persönlichkeit ändern. Wenn von der Umwelt des Kindes jedoch überhaupt keine Werte kommuniziert werden, dann wird es ihm einerseits sehr schwer fallen, sich eigene Werte zu erschaffen, andererseits kann es leicht zum Opfer jedes Demagogen werden. In unserer modernen Welt drücken sich Eltern wie auch Lehrer oft davor,

Kindern Werte zu vermitteln, sie verstecken ihren eigenen mangelnden Willen, verantwortlich zu sein, hinter sogenannter „Neutralität". Das ist eine falsche Einstellung, ja sogar eine unbewußte Lüge sich selber und dem Kind gegenüber. Denn wir kommunizieren Werte durch alles, was wir tun und sind. Wenn wir sie nicht klar zum Ausdruck bringen, senden wir doppelte Botschaften aus und machen dadurch das Kind und uns selber unsicher. Die Kinder erfassen etwas, wissen aber nicht was. Diese Desorientierung kann selbst das begabteste Kind zum Opfer von Machtgierigen machen.

Was ich bisher zu „Leadership" und Verantwortung ausgeführt habe, möchte ich auf das beziehen, was ich über Liebe und Haß gesagt habe. Wenn dem Kind nicht beigebracht wird, seine Aggressionen anzunehmen, wenn Haß nicht akzeptiert wird, sondern nur Liebe und Sanftheit von ihm gefordert werden, wird das Kind Haß und Aggressionen nicht nur nicht annehmen, sondern sie auf die Umwelt projizieren. So entsteht die Basis für das viele Unheil, das in unserem Jahrhundert angerichtet wurde, indem der eigene Haß auf andere projiziert wurde und die eigenen Aggressionen nicht als treibende positive Energie gebraucht, sondern in Rassismus und Kriegen abreagiert wurden.

Wie sie sich der Umwelt stellen, lernen Kinder durch Imitieren, Nachahmung und Spiel. Je mehr das Kind zur Gemeinsamkeit in der Familie herausgefordert wird, umso mehr Dinge kann es erleben und dadurch selektiver in seiner Nachahmung werden. Das Engagement entwickelt sich durch diese Interaktion der gegenseitigen Beziehungen, die vom Kind als Empathie und Erwartungen erlebt wird. Durch die Empathie der Eltern und dann auch der Lehrer wird das Kind in seiner Sicherheit und seinen Fähigkeiten gestärkt. Wenn ich etwas will, engagiere ich mich dafür und übernehme Verantwortung für das, was ich tue, um zu erreichen, was ich will. Diese Psychodynamik des imitativen, selektiven, empathischen und engagierten Prozesses ermöglicht die Entwicklung von „Leadership".

Wenn wir begabten Kindern ihren Anteil an ihren Schwierigkeiten in sozialen Beziehungen zeigen – etwa daß sie eigentlich dominieren wollen, ohne verantwortlich zu sein, oder daß sie nur sich selber sehen, ihrem Gegenüber keine Freiheit und Sicherheit zugestehen (vgl. das Beispiel Nir) und nichts teilen können – hören wir oft, daß sie nicht wissen, wie sie sich anders verhalten könnten, weil sie kein Modell zur Nachahmung vor Augen hätten. Wenn wir ihnen unser Spielmodell zeigen, kommen sie immer wieder darauf, daß sie eigentlich die Regeln des Spielens nicht kannten. Das brachte mich auf die Idee, das Spielmodell auch auf die Entwicklung von „Leadership“ anzuwenden.

Spielmodell und „Leadership“

Der „Leader“ unterscheidet sich von seinen Anhängern (followers) dadurch, daß er ihre Bedürfnisse versteht und ihnen das Gefühl der Sicherheit und Freiheit gibt, Bedürfnisse zu äußern und Veränderungen zu fordern. Der „Leader“ muß seine Anhänger so herausfordern, daß sie sich für die Veränderungen engagieren, die er hinsichtlich der sozialen Werte der Gesellschaft herbeiführen will. Der „Leader“ übernimmt mehr Bürden als seine Anhänger, aber er wird ihnen die Freiheit gewähren, ihre Rollen zu spielen und Bürden zu tragen und wird mit ihnen auch die Verantwortung teilen, um die gemeinsamen Ziele zu verändern. Durch diese Interaktion kommt der „Leader“ seinen Anhängern näher, die sein „Leadership“ brauchen. Er wird sich dadurch, daß er ihnen die Freiheit gewährt, ihre Aggressionen und Bedürfnisse zu äußern, ihrer Erwartungen bewußt. Durch seine Sicherheit und seinen Wagemut gibt er ihnen das Gefühl, daß er ihr „Leader“ sein kann und zugleich das Zutrauen, daß sie für ihre Ziele auch selbst etwas tun können. Durch sein Engagement zeigt er seinen Anhängern, daß er Veränderungen will und stellt sie vor Herausforderungen, die sie dann durch Engagement aufnehmen. Wenn der „Leader“ die Verantwortung übernimmt und sie auch an seine Anhänger weitergibt, wächst ihre Bereitschaft, etwas für die gemeinsamen Ziele zu tun (Abbildung 9).

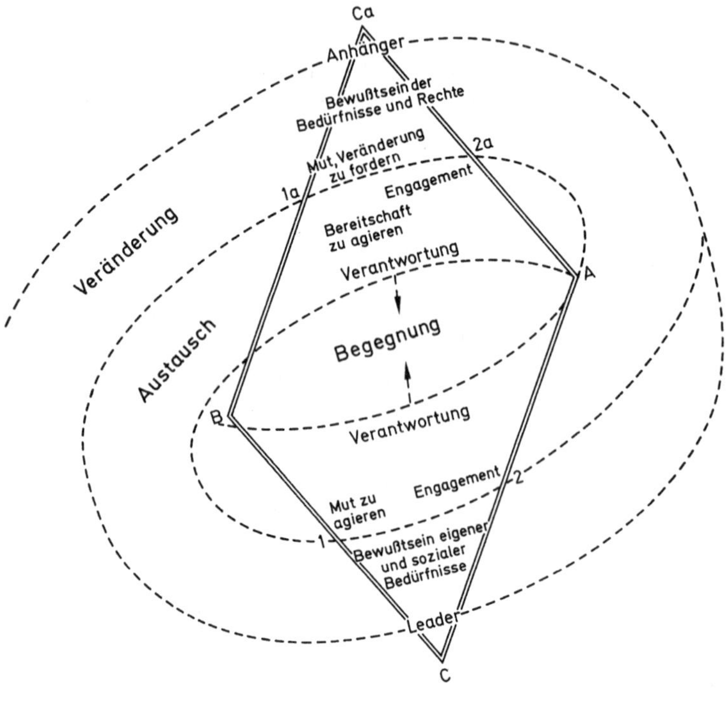

Abbildung 9: Das interaktive Leadership-Modell

A) Regeln und Bedürfnisse der Gesellschaft
B) Umstände, Werte und Strategien der Gesellschaft
C) Fähigkeiten des „Leaders“ und der Anhänger (Ca)
1- Sicherheit und Freiheit in (B), die „Leader“ (c) und Anhängern (Ca) möglich sind.
2- Herausforderungen in (A), die „Leader“ und Anhängern (2a) gestellt werden.

Das Begegnungsfeld erweitert sich in Spiralform, führt zum Austausch der Werte und Ziele und dann zur Veränderung, d. h. zum Erreichen der gemeinsamen Ziele.

So wird der „Leader“ durch seine Anhänger gestärkt, und diese wiederum immer von Neuem durch den „Leader“ herausgefordert und gestärkt. Die Verantwortlichkeit des einen fördert die Verantwortlichkeit der anderen. Die Begegnung wird zum Austausch, der Austausch führt zur Veränderung. Regeln wie auch Mittel können mit der Zeit nach Absprache geändert werden. Die veränderten Umstände können neue Herausforderungen stellen und neue Verantwortung fordern.

Ein begabter, guter Führungsstil zeichnet sich durch soziale Aktion und Veränderung aus, die zur Befriedigung individueller Bedürfnisse im Rahmen gegebener Werte führen. Der begabte „Leader“ ist an der Bereitschaft und Fähigkeit, Verantwortung zu übernehmen, zu erkennen. Aktualisierte Fähigkeit zum „Leadership“ ist ständige, reflektive Selbstbesinnung; lehren, indem man belehrt wird, leiten, indem man geleitet wird. Nir hat das mühsam gelernt. Er wollte das Leadership-Spiel auf kompetitive Weise spielen, als Null-Summen-Spiel, und wollte auf Kosten des Verlierers gewinnen. Der Preis dafür ist sehr hoch: Einsamkeit, Mangel an Zugehörigkeit und Befriedigung. Wer aber gewinnt, indem er Verantwortung und Gewinn mit seinen Anhängern teilt – wie im Nicht-Null-Summen-Spiel, bei dem alle nur gewinnen oder verlieren können – der ist nicht mehr einsam und unbefriedigt. Denn es kommt immer auf die Kommunikation, die Interaktion an, die das Kind im Spiel erlernt und ins Erwachsenenleben mitnimmt.

Die Spiele in unseren Arbeitsgruppen mit Begabten fordern zunächst ihre intellektuellen und emotionalen Fähigkeiten heraus, damit sie sich bewußt werden, was sie können. In Journalismuskursen lesen wir Zeitungsartikel mit ihnen, und sie lernen, zwischen Nachricht und Kommentar zu differenzieren, damit sie sich ihres selbständigen Denkens und ihrer Beurteilung bewußt werden. In den Gruppen über „Soziales Denken“

versuchen wir, mit ihnen Probleme der Gesellschaft zu besprechen. Sie sollen diese Probleme dann in zwei Gruppen einteilen: Probleme, die man ändern könnte, und solche, die man nicht ändern kann. Indem sie die Probleme sehen und erkennen lernen, etwa durch Konfrontation mit sozialen Brennpunkten, werden sie engagiert und suchen mögliche Lösungen.

In unseren Leadership-Kursen machen die Teilnehmer Umfragen auf der Straße zu bestimmten Problemen in unserer Gesellschaft. Dabei fragen sie nach möglichen Veränderungen und danach, wer sie vollziehen sollte. Wenn die Befragten allgemeine Antworten geben, wie z. B. die Regierung solle dies oder jenes tun, folgt die Frage, was der Befragte selber tun könnte. Die Fragebogen werden analysiert, besprochen und ausgewertet. Wenn die Kinder dazu die Hilfe eines Experten brauchen, wird sie ihnen zur Verfügung gestellt.

Ein weiteres Spiel in diesen Kursen besteht darin, die eigene Biographie, wenn sie sechzig Jahre alt sein werden, zu schreiben. Die Fragestellung ist dabei nicht nur, was man erreicht hat im Leben, sondern auch, wie man es erreicht hat und womit man heute beginnen kann, damit es auch geschieht. Die Botschaft dieser Kurse an die Kinder ist:

- Du kannst „Leader" sein.
- Jede Situation wird interessant, wenn du engagiert bist.
- Du kannst dein Leben mitbestimmen, wenn du Verantwortung übernimmst.
- Wenn du willst, kannst du in jedem Moment und an jedem Ort etwas für deine Biographie, für deine Zukunft und für die Zukunft deiner Umwelt tun.

Die kreative Fragestellung

Wir wollen hoffen, daß unsere begabten Kinder die Führungselite der Zukunft sein werden. Wir können sie mit unserem Wissen nicht darauf vorbereiten, denn die Fakten von heute werden in der Zukunft nicht mehr relevant sein. Wenn wir sie aber lehren, wie sie kreative Fragen stellen und Antworten suchen können, bereiten wir sie auf die Zukunft vor. Durch Fragestellungen können wir die Diskrepanz zwischen den Informationen von heute und den Herausforderungen der Zukunft überbrücken. Durch Fragestellungen können wir Kindern auch beibringen, trotz Angst (die jede neue Frage mit sich bringt, da sie ins Unbekannte und Ungewohnte führen kann) die Neugier zu befriedigen. Diese existentielle Art der Erziehung fordert nicht nur intellektuelle Fähigkeiten heraus, sondern fördert auch die emotionale Entwicklung der Kinder, vor allem den Mut des begabten Kindes, seine Talente und Fähigkeiten zu erproben.

Ebenen der kreativen Fragestellung

Ich habe aus meiner eigenen Erfahrung und der vieler anderer gelernt, daß die kausale Frage nach „Warum" und „Weshalb" eigentlich eine kindische, verantwortungslose Weise ist, an Dinge heranzugehen. Diese Frage ist passiv, deterministisch, vergangenheitsbedingt und nicht herausfordernd genug, um das Interesse an weiteren Fragen wachzuhalten.

Der erste Zugang, die erste Ebene, sollen stattdessen beschreibende Fragen sein: Wer, Wie, Was, Wo, Wann. Diese Fragen sind gegenwartsbezogen und beschreiben die jetzige Situation, das Hier und Jetzt. Dadurch kommt es bereits zu einer Konfrontation mit der gegebenen Situation. Das Kind lernt dadurch, zu beobachten und zu beschreiben, und schafft sich die Sicherheit, das Gegenwärtige zu verstehen. Besonders bei den begabten Benachteiligten ist diese Art des Fragens bestärkend.

Erst wenn die Situation oder das Problem genau beschrieben ist, können wir nach dem kausalen „Warum" fragen und so das „Wer, Wie, Wo, Wann" aufeinander beziehen. Diese zweite Ebene der kausalen Frage erfordert Einsichten und Beziehungen, d. h. Wissen, das Lehrer oder Bücher bereitstellen. Diese zwei Ebenen haben ihren Sinn darin, das Kind zu lehren, wie man objektiv (so weit das möglich ist) beobachtet, beschreibt, bezieht und sich neues Wissen aneignet.

Erst jetzt kommt die subjektive Frage: Was weiß ich darüber? Was fühle ich dabei? Wann habe ich etwas Ähnliches gesehen oder erlebt? Diese Fragen fordern oft emotionalen Einsatz; dazu ist das Kind jetzt bereit, nachdem es durch die zwei früheren Ebenen des „objektiven" Betrachtens gestärkt worden ist. Durch die Assoziationen und Analogien kommen die Kinder auch von verschiedenen Aspekten an das Problem heran, was ihre Flexibilität fördert und vor allem ihr Engagement herausfordert, da sie Assoziationen, Wissen und Gefühle „investieren". Das unbekannte Problem ist jetzt bekannt. Der Kreis erweitert sich in die Spirale, ein Sich-Herauswagen aus Bekanntem und Vertrautem.

Wenn wir erreicht haben, daß sich das Kind mit seinem Intellekt und seinen Emotionen an das Problem heranwagt und auf dem Weg zur Lösung aus der Spirale herausgewagt hat, können wir imaginative Fragen stellen: Was wäre, wenn ...? Was geschähe, wenn das oder jenes zusammenkäme, wenn verschiedene Alternativen gestellt würden, die zur Lösung führen könnten? So kommt es zu einem weiteren Aufstieg in der Spirale. Es fordert noch mehr Mut, auch Imagination zu investieren. Wir konnten das bei dem kleinen Alex sehen, der in seiner Imagination die Transplantation des Tierhirnes auf den Menschen übertrug und, weil kein anderer diese Frage stellte, sich von mir den Mut holen mußte, um seine Frage zu stellen. Die beurteilenden Fragen: „Was ist richtig, was ist besser unter all den aufgestellten Alternativen?" ist ein weiterer Aufstieg in der Spirale. Beurteilung darf erst jetzt erfolgen. Wenn sie früher erfolgt, wer-

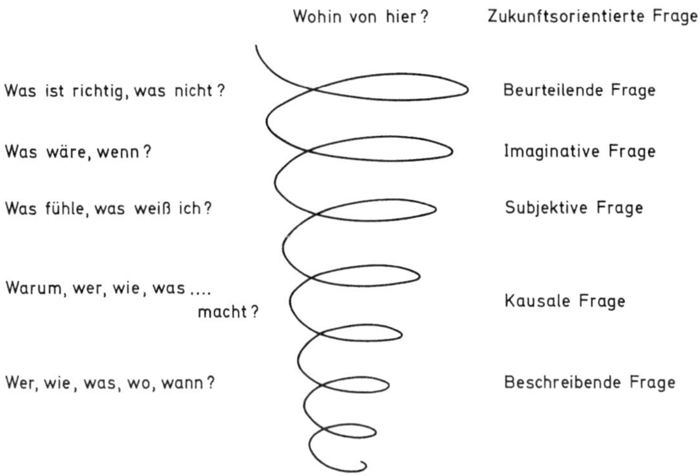

Abbildung 10: Ebenen der kreativen Fragestellung

den wir in unserem Rohmaterial des Denkens begrenzt. Neue Techniken der Beziehung zwischen den einzelnen Faktoren des Problems und der Alternativen werden gesucht und getestet. Dies sind die Fragen der vierten Phase des kreativen Prozesses (siehe Kapitel „Der kreative Prozeß").

Wir kennen zwar die Lösung schon, doch um die Kinder in Spannung zu halten, um sie wirklich für die Kontinuität der Gegenwart in die Zukunft vorzubereiten, müssen wir sie mit einer weiteren Frage gehen lassen: „Was interessiert dich noch an diesem Problem, was kannst du damit noch anfangen?" Diese Frage stellt dem Kind Herausforderungen, macht es neugierig und regt seine Imagination an, sich in seinen Fähigkeiten zu erproben und seine Grenzen zu ertasten. Mehr als alles andere ist diese Frage wichtig, da sie dem Kind Hoffnung gibt, in der Zukunft Dinge tun zu können und ein Teil der menschlichen Kontinuität zu sein.

Kinder und Erwachsene fragen nach der Zukunft

1972 sprachen wir im Arbeitskreis für kreatives Denken mit den Kindern darüber, ob man die Zukunft mit Kindern diskutieren sollte. Wir stellten den Kindern Fragen zur Zukunft, weil wir im Grunde nichts darüber wußten, was Kinder über ihr zukünftiges Leben als Erwachsene denken. Woran sind sie interessiert? Was sind ihre Hoffnungen, ihre Erwartungen, ihre Ängste? Stattet ihre Erziehung sie mit Selbstsicherheit und Vertrauen in ihre eigene Kraft, mit zukünftigen Problemen fertig zu werden, aus? Wie werden sie die Kluft zwischen den Tatsachen der Vergangenheit, die wir sie in der Schule lehren, und dem eigentlichen Leben, das sie in der Zukunft führen werden, überbrücken?

Ein weiteres Ziel dieser Fragen war, die Kinder herauszufordern, sich Gedanken über die Zukunft zu machen. Dadurch wollen wir ihre Sicherheit und das Vertrauen in die eigenen Fähigkeiten stärken, damit sie aktiv an ihrer Zukunft teilnehmen. Dies verstärkt die Motivation zum Lernen, zum Erwerben von Wissen und Erfahrung und zur Ausbildung ihrer Fähigkeiten, die sie in späteren Jahren brauchen werden.

Die Kinder wurden gebeten, einen Fragebogen zusammenzustellen, der 20 Fragen zur Zukunft der Menschheit enthalten sollte.

Was interessiert Kinder an der Zukunft der Menschheit?

Das Interesse der Kinder bezog sich auf alle Gebiete des Lebens: auf Menschen, die Beziehungen zwischen Menschen, zwischen Mensch und Natur, die Stellung des Einzelnen in der Gesellschaft, den Fortschritt von Wissenschaft und Technik. Die Fragen unterschieden sich in bezug auf ihre Haltung: Optimismus oder Pessimismus, die Hoffnung, mit der Angst fertig zu werden, oder der Wunsch, sich davor zurückzuziehen, Glaube an die kreativen Fähigkeiten des Menschen oder Skepsis wegen des menschlichen Zerstörungstriebs; Verantwortung gegenüber der Gesellschaft oder Verzweiflung über den Weg, den die Menschheit bis jetzt gegangen ist. Wir teilten nach Beratung mit den Kindern die Fragen in folgende Kategorien ein: a) Lebensqualität; b) Glaube an die Fähigkeiten des Menschen: Aussichten und Gefahren; c) Verantwortung des Menschen für das Schicksal der Menschheit.

a) Lebensqualität

„Das Leben wird fortbestehen, daran habe ich keinen Zweifel. Das Problem ist die Lebensqualität. Was müssen wir tun, um das gute Leben zu bewahren?“ fragt ein 14jähriges Mädchen. „Werden wir Mittel und Wege für eine gerechte Güterverteilung finden? Werden wir Mittel und Wege zu einer besseren intellektuellen Verständigung, einer gemeinsamen Sprache für die ganze Menschheit, die das Verständnis fördert, finden? Wird es möglich sein, ein beschädigtes Gehirn durch einen Computer zu ersetzen, ein Gehirn zu verpflanzen, welches Menschen besser macht? Wird dieses Hirn auch Träume übertragen? Wenn der Computer den Menschen die schwere Arbeit abnimmt, was wird der Mensch dann mit seiner Freiheit anfangen? Wie können wir Arbeitslosigkeit verhindern? Wird der Mensch sein eigenes Gehirn gebrauchen oder wird er alles dem Computer überlassen? Werden sich infolge des technischen Fortschritts moralische Werte verändern? Wird der Mensch sein Unbewußtes entdecken? Wird er lernen, seine niedrigeren Instinkte zu beherrschen? Wird die menschliche Lebenserwartung weiter verlängert werden? Was wird der Mensch in fortgeschrittenem Alter tun? Wird ein längeres Leben auch ein glücklicheres sein? Wie wird die Erziehung aussehen? Wird es menschliche Lehrer geben? Wird es ein elektronisches Gehirn fürs Auswendiglernen geben? Was werden wir essen? Wird es anorganische Lebensmittel geben? Was werden wir trinken? Wird es Ersatz für Wasser geben? Was für Kleidung werden wir tragen? Wie werden wir reisen? Was wird die Höchstgeschwindigkeit eines Fahrzeugs sein? Wird es internationale Raketenreisen geben? Wie wird des Menschen Wohnraum, sein Heim, aussehen? Woher wird die Luft kommen? Was werden die Rollen des Mannes und der Frau sein? Welche Rechte werden Kinder genießen? Welche Rolle wird die Familie spielen? Wird das Familienleben erweitert oder verengt? Wer wird der Familie vorstehen? Was wird aus der Ehe? Wird es demographische oder religiöse Differenzen geben? Welchen Platz wird die Nation, die Religion in der zukünftigen Gesellschaft einnehmen? Werden sich die Regierungsformen ändern? Wird es eine andere Zivilisation als die unsre geben? Wird sie besser oder schlechter sein? Wird die Technik, die Atomstrahlung den Menschen ändern?"

b) Der Glaube an das kreative Potential des Menschen: Aussichten und Gefahren

„Im ersten Moment dachte ich, ich will nicht dran denken, was sein wird. Aber ich werde in der Zukunft leben, und es ist meine Verantwortung, zu überlegen, was sein wird. Wird die Zukunft all das mit sich bringen, was wir von ihr befürchten oder was wir von ihr wünschen? Wahrscheinlich ein bißchen von beidem", schrieb ein 13jähriges Mädchen. „Gibt es eine Zukunft für die Menschheit? Könnten wir uns nicht so viele verschiedene mögliche Zukünfte vorstellen, wie es Menschen gibt?" fragte ein 15jähriger Junge. „Wird es uns gelingen, ein Kind in der Retorte zu zeugen – einen synthetischen Menschen? Wie wird er aussehen? Werden Frauen Zeit für andere Dinge haben? Wird die Frau dem Mann gleichgestellt? Werden Computer den Menschen ersetzen?

Werden Computer den Menschen beherrschen? Wird der Mensch mit Hilfe des Computers frei werden für Aktivitäten, die uns heute noch unbekannt sind? Wird die Freiheit Arbeitslosigkeit verursachen? Wie können wir das verhindern? Wird der Mensch einen Computer bauen, der lächeln kann und sein Freund wird? Wird der Fortschritt der Wissenschaft dazu führen, daß der Mensch das Denken verlernt? Wird der Fortschritt der Technik das Ende der Menschheit mit sich bringen? Wird die Natur gegen die Technik revoltieren? Wird es möglich sein, die Menschheit in einem Augenblick zu vernichten? Wird es Instrumente geben, mit deren Hilfe man diese Gefahr erkennen kann, bevor neue Erfindungen ausprobiert werden? Wie kann die Bevölkerungsexplosion verhindert werden? Wie wird man die Luftverschmutzung verhindern? Wird man einen Ersatz für Erdöl finden? Was für Waffen wird es im Jahr 2000 geben? Wird es einen Krieg zwischen elektronischen Instrumenten oder zwischen Menschen geben? Was wird das Ausmaß der Kriegszerstörung sein? Werden wir andere Planeten erreichen? Werden wir aus unserem Spiralnebel herauskommen? Wie werden wir uns mit den Bewohnern anderer Planeten verständigen? Welche Auswirkungen wird es auf den Menschen haben, wenn es ihm gelingt, in den äußeren Weltraum vorzudringen? Werden wir andere Lebensformen finden? Werden wir Verteidigungsmaßnahmen gegen Angriffe von Lebewesen anderer Planeten entwickeln? Welche Geschwindigkeit werden Flugzeuge und Fahrzeuge erreichen? Wird es fliegende Fahrzeuge geben? Wird es internationale Raketenreisen geben? Werden wir schneller als die Lichtgeschwindigkeit fliegen können? Wird sich infolge veränderter Geschwindigkeiten unser Zeitbegriff ändern? Wird eine internationale Sprache entwickelt werden, um Streitigkeiten und Mißverständnisse zu vermeiden? Wird es neue Medikamente gegen Krankheit und gegen die Neigung des Menschen zum Bösen geben? Wird man das Unbewußte entdecken? Wird man ein System finden, das Inflation verhindert? Wird es Vegetation geben oder wird man einen Ersatz dafür finden? Wird Raum für Bäume und Natur bleiben, wenn es notwendig wird, für viele Menschen Häuser zu bauen? Wird man Naturschutzgebiete einrichten, um die natürliche Umgebung von heute für die Zukunft zu bewahren? Wird man neue Regierungssysteme erfinden? Wie kann man die Entscheidungsgewalt aufteilen? Wie kann man einen Überblick über die Aktivitäten der Menschen haben, ohne in das Privatleben einzudringen und ohne Individualität zu zerstören? Wie kann man weitreichende Fehler beim Treffen von Entscheidungen verhindern? Wie kann man ein Anwachsen des materialistischen Denkens vermeiden? Wie können wütende Leute beruhigt werden? Kann durch neue Erziehungsmethoden jeder Mensch einen Sinn für das Schöne, für Humor und Verantwortlichkeit bekommen? Kann die Erziehung den Menschen lenken, ohne in sein Privatleben einzudringen? Wird es eine andere Form von Individualität geben?“

Erwartungen, verbunden mit Hoffnungen, erscheinen in optimistischer oder pessimistischer Form. Wir sehen Vertrauen in die Fähigkeit des Menschen zu entdecken und zu verbessern, aber auch Angst und Besorgnis wegen der Zerstörungskraft des Menschen.

c) Die Verantwortung des Einzelnen für das Schicksal der Menschheit

„Worauf sollen wir uns konzentrieren – auf die Zerstörung, die über die Menschheit kommen kann, wenn schlechte Entscheidungen getroffen werden oder auf die große Wahrscheinlichkeit, daß gute Entscheidungen getroffen werden?“ fragt ein 14jähriges Mädchen. „Ich bin überzeugt, daß die Zukunft davon abhängt, was wir heute tun. Ich weiß nur nicht, wie man die Menschen dazu kriegt, daß sie heute etwas für morgen tun“, so ein 15jähriger Junge. „Wird der Mensch lernen, seinen Aggressionstrieb zu beherrschen, um Krieg zu vermeiden? Wird man Heilmittel gegen das Böse, das Kriege herbeiführt, finden? Werden wir es lernen, Kompromisse zu schließen, so daß Frieden herrschen kann? Wird die fortschreitende Technik Arbeitslosigkeit verursachen, und was kann man tun, um dies zu verhindern? Werden wir Mittel und Wege finden, um ältere Leute, deren Lebenserwartung dank der Wissenschaft verlängert wurde, zu beschäftigen? Wird ein längeres Leben zu größerem Glück beitragen? Werden wir die Zerstörungskraft der Zukunftswaffen bedenken oder werden wir weiterhin neue Waffen erfinden?“

Die Fragen der Kinder klagen uns, die Erwachsenen, an. Sie weisen auf die Verantwortung hin, die der Einzelne für das Schicksal der gesamten Menschheit hat. Im 5. Jahrhundert v. Chr. war es in Babylon üblich, Schwerkranke kurz vor ihrem Tod auf den Hauptplatz zu bringen, so daß jeder sie sehen könne. Dies wurde nicht getan, um der Bevolkerung Schrecken einzujagen, sondern um sie anzuspornen, Heilmittel für die Krankheiten zu entdecken.

1985 schickten wir Fragebogen an diejenigen, die 1972 zwischen neun und 14 Jahre alt waren und heute 23 bis 30 Jahre alt sind. Unter den 68 Fragen, die wir stellten, war auch die Bitte, fünf Fragen über ihr Interesse an der Zukunft zu stellen. Auch ihre Fragen befaßten sich zum großen Teil mit Lebensqualität, Glaube an das menschliche Potential und persönliche Verantwortung. Doch dieses Mal waren die Fragen viel zynischer und pessimistischer. Die menschlichen Potentiale wurden viel eher aus negativer Sicht dargestellt: Wie weit können Rassismus und Diskriminierung gehen, ohne die Menschheit zu zerstören? Wird der Mensch so hilflos und ignorant wie jetzt bleiben, was den Sinn des Lebens anbetrifft? Wann wird man endlich einsehen, daß Technologie ohne Humanität keine Zukunft hat?

Der Pessimismus war noch viel größer, was die persönliche Verantwortung angeht: Werden die Politiker auch in der Zukunft so heuchlerisch, engstirnig und kleinlich die Welt regieren? Im Hinblick auf das jüdische Problem in der Welt kamen Fragen wie diese: Wann werden Juden endlich nicht mehr Sündenböcke sein, auf die die inneren Probleme der Länder abgeschoben werden? Wann wird Religion nicht mehr der Grund für nationale und internationale Zwistigkeiten sein?

Die Fragen der begabten Erwachsenen machten uns sehr nachdenklich. Dachten auch die Kinder 1985 ganz anders als 1972? Wir fragten daher 100 begabte Kinder (10–15 Jahre alt), welche Fragen sie zur Zukunft haben. Ihre Fragen waren 1985 optimistischer als die der Erwachsenen, aber pessimistischer als die der Kinder von 1972.

Es gab viel mehr Fragen zu Technologie und Wissenschaft, zum höheren Niveau der Lebensqualität, zu Gewalttätigkeit, Rassismus, Diskriminierung und Krieg als 1972, und sie drückten auch Hilflosigkeit gegenüber diesen Problemen aus.

Fragen, die 1972 nicht gestellt wurden zu *Wissenschaft und Technologie*:

- Wird es eine Erfindung geben, die radioaktive Bestrahlung neutralisiert? (Diese Frage wurde noch vor Tschernobyl gestellt.)
- Wird es eine Möglichkeit geben, die Lichtgeschwindigkeit zu erreichen?
- Wird es Computer geben, die Elektrizität erzeugen?
- Wird es weniger Zeit brauchen, einen Beruf zu erlernen?
- Wird es eine Zeitmaschine geben? (10 Jahre alt)
- Wird es ein Medikament gegen AIDS geben, gegen den Tod?
- Wird es Wege geben, die Zukunft zu verstehen oder die Vergangenheit wieder zurückzuholen?
- Wird die Sonne jemals erlöschen? (11 Jahre alt)
- Werden die Fabriken der Zukunft den Menschen nicht mehr brauchen?
- Wird der Mensch an Wert verlieren, weil Maschinen seine Arbeit übernehmen?
- Wird man die Droge des Lebens finden? (12 Jahre alt)
- Wird es Raketen geben, um uns zu anderen Planeten zu bringen?
- Wann wird es einen Roboter geben, der selbständig denken kann?
- Wann werden wir den Charakter der Neugeborenen planen können?
- Wie klein können wir Mikrocomputer erfinden?

- Wird der Computer das optische und biologische Problem lösen, das uns zum genetischen und grundlegenden Verständnis des Lebens führen wird?

Zur Gesellschaft:

- Wann wird die Gesellschaft Begabung anerkennen?
- Wird ein begabter Mensch immer den Neid des durchschnittlichen bekämpfen müssen?
- Wie wird der „honeymoon“ der Zukunft aussehen? (10)
- Werden sie lernen, Toleranz zu lehren?
- Wie lange wird die Menschheit noch hassen müssen?
- Wird man einsam sein in der Zukunft?
- Wird man in Zukunft in kleinen Gruppen leben? (12)
- Wird immer der Grundsatz gelten, daß der Sieger überlebt und der Verlierer zugrunde geht? (13)
- Wird es jemals eine Zeit geben, wenn Menschen glücklich sind, weil sie sich selbst verwirklicht haben? (14)

Kinder denken über die Zukunft nach. Angesichts der Fragen, die sie hier stellten, ist die bisherige Meinung, daß Kinder in einer narzißtischen Welt leben und unmittelbare Befriedigung suchen, nicht aufrechtzuerhalten. Wir können sehr viel von ihnen lernen. Wir sind es gewohnt, auf Kinder herabzusehen, aber in ihrer Offenheit und in der Klarheit ihrer Gedanken überflügeln sie uns – vielleicht, weil sie keine Angst davor haben, dumm oder unlogisch zu erscheinen. Ihre naiven Gedanken erwecken in uns die Sehnsucht nach einem verlorenen Paradies.

Die Fragen des ersten Teils waren in der Tendenz pessimistisch, schicksalsergeben und statisch. Nachdem die Angst „ausgeschüttet“ war, wurden die Fragen aktiver und konstruktiver. Die Suche nach Alternativen begann. Die Frage „Wird es möglich sein, die Menschheit in einem Augenblick zu vernichten?“ hat ihr Gegenstück in der Hoffnung, daß der Mensch ein Instrument erfinden wird, um die Tragweite einer Waffe zu prüfen. Dem Problem der menschlichen Aggression wird die Frage gegenübergestellt, ob Psychologie und Wissenschaft Wege finden werden, das Böse im Menschen zu beherrschen. Die Angst, daß Roboter den Menschen von seinem Platz verdrängen könnten, wird durch den Entwurf eines lächelnden Roboters, der dem Menschen ein Freund ist, gemildert.

Ein Vergleich der Fragebögen der begabten Kinder zeigte, daß sie, nachdem sie ihre Angst formuliert und ausgedrückt hatten, begannen, die Probleme aktiv und hoffnungsvoll anzugehen. Wir hoffen, mit solchen Fragen die Phantasie, die jedes Kind hat, zu erhalten und „soziale Phantasie" zu entwickeln. Vorstellungskraft spielt eine wichtige Rolle im Leben. Ähnlich wie ein Tagtraum uns für die Realität vorbereitet, bereitet uns die Phantasie auf die Zukunft vor.

Kreatives Denken für die Zukunft

In unserem Kurs für kreatives Denken haben wir Übungen ausgearbeitet, die Kinder herausfordern sollen, Fragen über ihr Leben heute, ihre gesellschaftliche Verantwortung und ihre Ideen für die Zukunft zu stellen, von denen hier einige angeführt sind.

a) Definitionen

Zur geistigen und seelischen Stärkung der Kinder beginnt der Lehrgang mit einigen schwierigen Begriffsbestimmungen, mit Begriffen wie Neugierde, Offenheit, Flexibilität, Imagination, Überraschung und Sinn für Humor (vgl. Landau 1976 u. 1981). So werden die Kinder angeregt, die Funktionen und Werte dieser Eigenschaften in Betracht zu ziehen, wie auch deren Gegenteil.

Ein Beispiel: Als Antwort auf die Frage „Was ist Spiel?" könnte ein Kind antworten: „Etwas, was Spaß macht". Die gegenteilige Auffassung von Spiel könnte dann Langeweile sein. Ein Neunjähriger beantwortete diese Frage mit „Schlaf": Wenn ich wach bin, spiele ich. „Wie ist es mit der Schule?" fragten wir. Die ist „ein Kinderspiel", war die Antwort. Hier können wir das weitreichende, abenteuerlustige Denken eines aufgeweckten, herausgeforderten Kindes erkennen. Denselben Mut konnten wir in den Antworten auf die Frage: „Bei welcher Art von Lehrer würdest Du lernen wollen?“ beobachten. Meistens lehnten sie die vorgeschlagene Antwort wie „verständnisvoll, warmherzig, nicht zu streng, soll die Möglichkeit geben, allein zu arbeiten“ ab und zogen Lehrer vor, die ihnen „neue herausfordernde Ideen“ vorschlagen und fordernd sind.

b) Imagination

Wir sagten zu den Kindern: Versuchen wir einmal, uns die Welt vorzustellen, die wir in 30 Jahren bewohnen werden: Häuser, Nahrungsmittel, Kleidung, Transport, Kommunikation, Freizeit, Arbeit, Familienleben usw. Nachdem jedes Kind seine eigene Antwort gesucht hatte, arbeiteten wir die Möglichkeiten gemeinsam aus. Hier sind einige ihrer Ideen. Ein Kind sah ein Haus der Zukunft als autonome Einheit in der Luft, wünschte sich aber einen Verbindungsweg zum Haus seines Freundes. Ein anderes Kind wählte Häuser mit allen elektronischen Erfindungen. Wieder ein anderes imaginierte, daß Nahrung nur aus Pillen bestehen würde, die aber mit einem herrlich schmeckenden Überzug umhüllt sein müßten, eine Art Kaugummi, um die Lippen in guter Form und den Mund flexibel zu halten; der Mund würde nicht zu sehr in Anspruch genommen sein, da man nicht allzu viel sprechen würde, denn Verbindungen würden entweder durch Fernsehen, Körperbewegung oder Hirnwellen hergestellt werden. Transportmittel wären nicht nötig, da man sich, wenn nötig, an den Bestimmungsort wünschen würde. Gütertransport würde durch Untergrundschläuche vonstatten gehen. Einige sprachen über das Problem des Raumes. Da man in geschlossenen Häuserblocks leben würde, könnte man auch Infektionen und Bakterien ausschalten. Das Essen in Form von Pillen würde Krankheiten verhüten, Menschen würden ewig leben, und es wäre bald nicht mehr genug Raum für alle da.

Die Familie würde sehr eng verbunden sein, da ja alle zu Hause wären, um zu arbeiten und zu lernen; trotzdem könnte es langweilig und einsam sein, da sich jeder in einem anderen Teil des Hauses aufhalten würde. Das Haus wäre eine Art Stammesunterkunft und könnte ein Gefühl der Zusammengehörigkeit vermitteln. Persönliche Rückzugsbedürfnisse würden wegen der Begrenzung des Raumes sehr respektiert werden, und das Geben und Erhalten von Liebe würde an Bedeutung gewinnen. Arbeit würde hauptsächlich von Computern und Robotern ausgeführt, man müßte sie lediglich programmieren. Eine Reihe von Berufen wie Briefträger, Chauffeur, Bäcker, Kaufleute, Schuster u.ä. würde es nicht mehr geben, oder sie würden von Männern wie von Frauen als Hobbies angenommen, um ihre kreativen Potentiale zu verwirklichen. Es würde keine Polizisten mehr geben, da Ordnung und Kontrolle durch das „Auge" oder aber durch den akzeptierten Verhaltenscode der Stammesfamilie aufrechterhalten würden.

c) Vergleiche

Zur Anregung des interdisziplinären Denkens haben wir Übungen ausgearbeitet, die vergleichende, paradoxe oder analoge Probleme enthalten. Ein Beispiel: Als ein Elfjähriger eine Erscheinung unseres heutigen Lebens mit dem Leben vor 100 Jahren vergleichen sollte und dann mit dem Leben 10 und 50 Jahre in der Zukunft, wählte er die Gegenüberstellung von Religion und Erziehung. Vor 100 Jahren, so meinte er, waren viele Menschen religiös und nur sehr wenige gebildet. Heute hält sich das die Waage. In weiteren 10 Jahren wird es mehr gebildete und weniger religiöse Menschen geben, und in 50 Jahren wird es eine ganz neue Religion geben.

Eine andere Antwort auf diese Frage: Vor 100 Jahren erfand der Mensch die Maschine, um sich für andere Aufgaben frei zu machen und seine Betätigungsfelder zu erweitern. Heute leistet die Maschine die Arbeit des Menschen auf eine bessere und schnellere Art. In weiteren 10 Jahren wird die Maschine für den Menschen denken und in 50 Jahren wird sie ihn beherrschen. Ein anderes Kind gab folgende Antwort: Vor 100 Jahren hat man sich gekleidet, um sich warm zu halten und sich zu bedecken; vor 50 Jahren war die Bekleidung ein Statussymbol; heute betont man Gleichheit durch das Tragen von Jeans, die Kleidung für Arme und Reiche. In weiteren 10 Jahren wird der Mensch versuchen, seine Individualität durch die Art der Kleidung zu beweisen, und in 50 Jahren wird der Mensch sich kleiden, um Wesen von einem anderen Planeten zu beeindrucken oder zu besänftigen. Das sind einige der vielen Antworten, die wir bei unseren Kursen im Institut erhalten haben, originelle, schöpferische Produkte der Kinder und zwar aus einer Zeit, als „Science Fiction“ in Israel noch nicht populär war.

Als ich ein zehnjähriges begabtes Mädchen fragte, wie sie sich hauptsächlich ihr Wissen erworben habe, antwortete sie mir: durch Fragen. Ich befragte einen zehnjährigen begabten Jungen, worin er das Gegenteil einer Frage sehe, und seine Antwort war: „Meine Lehrerin. Sie stellt nie etwas in Frage, sondern konstatiert lediglich Tatsachen“. Dann bat ich ein drittes gleichaltriges begabtes Mädchen um eine Erklärung, was eine Frage sei, und sie antwortete: „Etwas, was dich mit der Welt in Verbindung hält.“

Wir wollen die Kluft zwischen dem, was heute gelehrt wird, und dem, was in zwanzig Jahren gebraucht wird, verringern. Wir können den Kindern kein Tatsachenwissen über die Zukunft mitgeben, denn Tatsachen ändern sich, und wir haben darüber keine Kontrolle. Wir können ihnen aber Werkzeuge geben, mit denen sie an die Probleme der Zukunft herangehen können.

Wir müssen eine Erziehung anbieten, die auf Bewältigung von Lebenssituationen und nicht auf abstraktem Wissen aufbaut. Die Jugend ist heutzutage mit Tatsachen übersättigt. Sie verlangt Herausforderungen und persönliche Erfahrungen. Wir müssen sie lehren „zu sein“, und zwar auf folgende Weise:

- Indem wir durch Fragen zu Gedankenabenteuern ermutigen, bereiten wir die Jugend nicht nur für die Zukunft vor, sondern veranlassen sie, zu den heutigen sozialen Problemen Stellung zu beziehen und Anteilnahme und Kritikfähigkeit zu entwickeln.
- Durch Fragen regen wir zum Handeln an und erleichtern so die Verwirklichung von Lebenswünschen. Handeln bringt weiteres Handeln hervor. Die Jugendlichen lernen, Dinge zu wagen, die heute noch neu und unmöglich erscheinen, aber für die Zukunft von Nutzen sein könnten. Jede Erfahrung und jede Aktivität wird ihr Selbstvertrauen und ihre Fähigkeit, mit Problemen fertig zu werden, stärken.
- Anteilnahme, Wagnis, Selbstvertrauen und der Weg, aktiv zu sein – all das wird den Kindern helfen, die Angst, die in vielen ihrer Fragen sichtbar wird, zu bewältigen. Ich glaube nicht, daß es unsere Aufgabe ist, die Angst zu verhindern, denn schließlich ist sie ein Teil unserer Existenz. Angst kann in Motivation zum Handeln umgewandelt werden und uns die emotionale Fähigkeit verleihen, uns zweideutigen, unklaren und ungewissen Situationen zu stellen. Angst kann auch ein Anstoß dazu sein, die Orientierung zu ändern, Lösungen nicht nur in der Außenwelt zu suchen, sondern auch von außen nach innen einzudringen und die Fähigkeit zur Lösung in uns selbst zu entdecken. Diese kann manchmal unter tiefen Schichten der Persönlichkeit verborgen liegen oder durch falsche Erziehung verkrüppelt worden sein.
- Die Ermutigung zur Tat und die Mobilisierung des inneren Potentials des Menschen führt auch zur Entwicklung eines Verantwortungsgefühls sich selbst und der Gesellschaft gegenüber, zu einer Verantwortlichkeit, die besagt, daß man bei seinen Handlungen, seinem Schicksal und seiner Zukunft mitbestimmen kann.

Wenn wir Kinder lehren, Fragen zu stellen, lehren wir sie, wie sie selbst zu Wissen und Erfahrung kommen können. Das will ich abschließend an einer alten chinesischen Geschichte verdeutlichen. Ein Bettler bat einst einen Fischer, ihm einen Fisch zu schenken, um seinen schrecklichen Hunger zu stillen. Der alte Fischer weigerte sich und erbot sich, ihn stattdessen fischen zu lehren. Zur Erklärung erläuterte er ihm, wenn er ihm heute einen Fisch gäbe, sei der Bettler morgen wieder hungrig; wenn er ihn aber lehren würde, selbst zu fischen, müsse er nie wieder hungrig sein.

Kreativität – der gemeinsame Nenner für Wissenschaftler und Künstler

„Wenn das einzige Werkzeug, das du hast, ein Hammer ist, ist es verlockend, alles so zu behandeln, als ob es ein Nagel wäre." Mit diesem Spruch hat Abraham Maslow (1966) sehr treffend die Gefahr benannt, welcher Therapeuten und Erzieher ausgesetzt sind. Er selbst vermied diese Gefahr, indem er sich sowohl vom Behaviorismus, nach dessen Prinzipien er ursprünglich ausgebildet worden war, wie auch von der analytischen Schule, deren Methoden er sich später aneignete, löste und eine holistische Einstellung zu seiner Arbeit annahm. Der therapeutische Prozeß kombiniert viele Aspekte aus dem Leben des Patienten und des Therapeuten. Ich versuche, vom Gesunden und vom Kranken, vom Erwachsenen und vom Kind, vom Künstler und vom Wissenschaftler zu lernen.

Viele sind der Meinung, daß Künstler mit einer besonderen Antenne für die Zukunft ausgestattet sind. Hieronymus Bosch, De Chirico, Tanguy, Dali und Picasso wurden prophetische Eigenschaften zugeschrieben. Ich glaube nicht, daß der Künstler die Zukunft sieht. Er hat einfach eine Offenheit und Sensibilität, die ihm ermöglichen, Gegenwart wahrzunehmen. Er prophezeit keine Tatsachen, er beschreibt sie. Er betrachtet Dinge mit einer gewissen Naivität, so als ob er sie zum ersten Mal sähe. Er ist jederzeit bereit, aufs neue geboren zu werden. Er wagt es, auf seine eigene Art zu formulieren und zu sagen, was er entdeckt hat. Er kann auf Einzelheiten eingehen, sich lange mit einem Detail beschäftigen und von Zeit zu Zeit Abstand nehmen, um zu sehen, wie es sich in die Gesamtheit einfügt. Er ist imstande, sich so weit mit dem Objekt zu identifizieren, daß er dabei sein eigenes Ich aufgibt, um es dann beim Zurücktreten und Schauen wieder einzunehmen und anschließend das Objekt zu überprüfen und zu verbessern.

Beim Wissenschaftler sehe ich als besondere Eigenschaft die Bescheidenheit, die ihn befähigt, sich trotz des weiten Forschungsgebietes auf ein winziges Problem zu konzentrieren. Er hat eine hohe Frustrationstoleranz. Trotz vieler Fehlschläge, von denen wir nie etwas erfahren, ist er bereit, die Versuche immer aufs neue zu wiederholen Der Wissenschaftler besitzt auch die Fähigkeit, zukunftsbezogene Fragen zu stellen. Er ist sich des richtunggebenden Elements bewußt, das in der Formulierung seiner Frage enthalten ist. Er fragt nicht nur: „Warum?", sondern auch: „Was ist die Situation?", „Was wissen wir über die Situation?" (einschließlich des Faktors der Kausalität), „Was wollen wir erreichen?", „Was ist der Zweck der Handlung?", „Was müssen wir tun, um das gewünschte Ziel zu erreichen?". Er wagt es auch zu fragen: „Was wird geschehen, wenn ...?"

Künstler, Wissenschaftler und andere kreative Menschen haben gewisse Eigenschaften gemeinsam: Offenheit der Umwelt gegenüber, Sensibilität für Probleme und Flexibilität in bezug auf deren Lösung; Abenteuergeist, der sie ins Unbekannte treibt; Mut, mit einzelnen Elementen zu spielen, auch auf noch unerforschten Wissensgebieten, und immer wieder zu versuchen, diese Elemente sowohl für sich wie auch in verschiedenen Kombinationen zu analysieren und zusammenzusetzen (Landau 1990).

Für mich ist Kreativität der gemeinsame Nenner in der Persönlichkeit des Künstlers und des Wissenschaftlers. Picasso und Einstein dachten in Begriffen, die auch anderen Künstlern und Wissenschaftlern vertraut waren. Sie brachten sie nur in neue Beziehungsgefüge. Daraus entstand dann eine neue wissenschaftliche Theorie oder eine neue Kunstrichtung.

Dieser Drang, seine eigenen Verknüpfungen zu schaffen, seine eigene Ordnung zu entdecken, ist für mich die treibende Kraft, die höchste Motivation zur Kreativität. Wir erschaffen uns unsere Ordnung durch Kunst, durch Wissenschaft, durch soziale Beziehungen, durch den Dialog mit sich selbst und mit der Umgebung. Es ist unser Weg zum Leben, zum Erleben, zum Überleben.

Kreativität – der Drang zur Ordnung

Goethe spricht in seinen Maximen über den Drang des Künstlers und auch des Wissenschaftlers, die Ordnung der verborgenen Gesetze der Natur zu entdecken. Einstein vergleicht die Arbeit des Wissenschaftlers, die „Harmonie der Naturstrukturen aufzudecken", mit der des Künstlers, „die verborgene Ästhetik zu enthüllen".

Pascal behauptet, daß jeder Wissenschaftler auch ein Künstler sei und vice versa. Der Unterschied liegt im Zugang: Der Künstler erfaßt die Beziehungen als Ganzes, während der Wissenschaftler sie einzeln analysiert.

Der bekannte Physiker und Philosoph David Bohm sieht in dem einen die Ergänzung des anderen. Er spricht von der Wahrnehmung der Ganzheit bei Künstlern und Wissenschaftlern. Er vergleicht diese mit dem Glauben an Gott, den man mit Geist, Leib und Seele lieben soll (Bohm 1995). Es gibt einige Methoden, eine Ordnung zu entdecken oder herzustellen:

– Die axiomatische Methode (wie in der euklidischen Geometrie) beweist die a priori vorhandene Ordnung immer von neuem. Die bestehende Ordnung wird nur bereichert, nicht weiterentwickelt. Dies ist die Ordnung der Konformität.

- Neue experimentelle Tatsachen werden nicht der bestehenden Ordnung angepaßt, vielmehr werden Teile der alten Ordnung modifiziert und verändert.
- Die holistische Methode bezieht die Ordnung immer auf die Ganzheit von Materie und Leben als ein kohärentes Gebiet. Diese holistische Sicht ist ein Lebensweg, ein Zugang, der bewirkt, daß man nicht nur über die Dinge nachdenkt und experimentiert, sondern sie auch erlebt.

Es wird nicht nur analysiert, sondern in Begriffen von Prozessen ein Ganzes gedacht, dessen Teile nicht zu trennen sind. Dieses Ganze erschafft die Ordnung.

Bohm vergleicht die holistische Ordnung mit einem Hologramm – die Wellen des ganzen Objektes sind auch im kleinsten Teil des Hologramms. Wenn wir durch einen kleineren Laserstrahl hindurchsehen, sehen wir es kleiner, durch einen weiteren sehen wir es wieder kleiner – wir bekommen jedoch immer alle Informationen über das ganze Objekt, ob es klein oder groß ist. Es ist implizit und explizit, umschließend und aufschließend zugleich. Es ist die Ganzheit, die fließt, strömt (Bohm 1995).

Der Sinn (griech. „logos“, engl. „meaning“) verbindet das Bewußtsein mit der Materie. Dadurch wird die Materie vom Bewußtsein eines Menschen anders wahrgenommen als von einem anderen, sie erhält eine andere Bedeutung. Diese umfaßt das Gesehene, das Wahrgenommene sowie den Sehenden und impliziert den Sinn. Durch die anschließende Aktion wird sie explizit, d. h. aufschließend.

Die Bewegung des Sinns (meaning) ist das Gefühl des Fließens, des Strömens. Sie entspricht der holistischen Ordnung (Csikszentmihalyi 1996).

Csikszentmihalyi sieht Kreativität als das positive Ziel, in dem man mit Motivation und Freude seine eigene Ordnung findet. Er glaubt, daß Kreativität wichtig ist, weil sie Sinn gibt, weil sie unser Leben reicher, intensiver und glücklicher macht, weil alles, was gut und schön in unserem Leben ist, Ergebnis der Kreativität ist. Weil sie uns das Gefühl gibt, Teil einer Kontinuität zu sein, etwas anzugehören, das größer, voller, mehr ist als wir selbst allein.

Kreativität – der holistische Zugang zur Begabung

Wir sprechen viel und oft über Begabung, über Intelligenz, über das Wissen des begabten Kindes. Jeder dieser Aspekte wird untersucht und weiterentwickelt, der verbindende Faktor all dieser Aspekte wird jedoch kaum berücksichtigt. Diese segmentierende Sicht, jedes Element einzeln zu erfassen, nimmt uns die Möglichkeit, das „Ganze" zu sehen, diesem „Ganzen" selber zugehörig zu sein und so die Realität in ihrer Dynamik von Einflüssen und Gegenwirkungen wahrzunehmen.

Bohm vergleicht diese segmentierende Sicht innerhalb der Erziehung mit einer Selbstreflexion in einem zerbrochenen Spiegel. Wir sehen in jedem Teil etwas, jedoch nicht das ganze Bild. Bohm sieht die Gefahr darin, daß man sich mit einem partiellen Bild zufrieden gibt, ohne auch nur zu versuchen, das ganze, wahre Bild zu erfassen.

Was wird die Segmente vereinen? Was wird das Bild zu einem ganzen machen? Was wird uns ermöglichen, die Gegenwart zu erfassen, der Vergangenheit zu gedenken und die Zukunft zu planen?

Bohm sah das Ziel seiner ganzheitlichen Philosophie im Verständnis der Realität im allgemeinen und des Bewußtseins im besonderen als kohärentes Ganzes, das nie statisch oder vollkommen, sondern ein ständiger Prozeß der Bewegung und Entfaltung ist. Der Akt des Denkens wird als statisch oder als eine Serie von statischen Bildern angenommen. Aber im wirklichen

Erleben der Bewegung empfinden wir ein ununterbrochenes, ungeteiltes Fließen, in welchem die Bildsäulen des Denkens wie Wegweiser in der Realität eines rasch fahrenden Wagens sind.

So entsteht ein allumfassendes Ganzes, in dem das Denken in Verbindung mit Gefühl und Handeln, Wirkung und Gegenwirkung den Prozeß des Fließens fortsetzt. Wirkung und Gegenwirkung sollen sich entfalten, damit es zu einer von Mal zu Mal wachsenden Harmonie zwischen der inneren und der äußeren Realität kommt. Diese Harmonie ist aber nur dann möglich, wenn im Menschen das Bewußtsein vorhanden ist, daß jeder Moment Teil eines Prozesses der Entfaltung und Entwicklung ist, der selbst wiederum ein Teil der Ganzheit der Existenz ist.

In diesem Sinne sieht die moderne Medizin in der Salutogenese (vom lateinischen „salus“: gesund, und vom griechischen „genese“: Entstehung) die Kräfte, die das Ganze im und um den Menschen fördern, damit er mit den Belastungen des Lebens erfolgreich umgehen und eigenverantwortlich eine Balance zwischen Gesundheit und Krankheit in sich selbst oder der Umwelt finden kann.

Dieses Streben nach dem Ganzen scheint den Menschen schon in sehr frühen Zeiten beschäftigt zu haben. Ein Ganzes, das das Mentale, Soziale, Individuelle und Emotionale vereint. So findet Bohm in dem alten englischen Wort für das Ganze – „hale“ – die Wurzel des Wortes „health“ – Gesundheit. Auch das Wort „holy“ – heilig stammt aus der gleichen Wurzel.

Im Hebräischen hat das Wort „Schalem“ (Ganz-sein) die gleiche Wurzel wie „Schalom“ (Frieden), und auch die Frage „Wie geht es dir?“ kommt aus der gleichen Wurzel: „Ma schlomcha?“ (Wie ganz bist du? – In der hebräischen Schrift gibt es keine Vokale. Die gmeinsame Wurzel dieser Wörter liegt in den Lauten sch, l, m.)

Das wissenschaftliche Denken spricht die Sprache der „Theorie“, d. h. des Wissens über die Dinge. Die griechische Wurzel des Wortes „Theorie“ (wie auch des Wortes „Theater“) bedeutet „besehen, betrachten“. So ist Theorie im Sinne von

Bohm eine „Sicht“, eine „Einsicht“ in die Welt, nicht allein das Wissen darüber, wie die Welt ist. So sollten Theorien primär als Wege verstanden werden, die Welt als Ganzes zu sehen, und nicht als „absolutes, wahres Wissen“ darüber, wie eine bestimmte Sache ist.

Bohm betont, daß Erleben und Wissen ein Prozeß sind. Es ist wichtig, dies Verständnis zu vertiefen, nicht nur das Wissen über ein bestimmtes einzelnes Segment. Ein Prozeß, in dem Wissen und Erleben zwei untrennbare Aspekte des Ganzen sind, das fließt, das sich in der Persönlichkeit entwickelt und in der Realität der äußeren Welt entfaltet.

Bohm glaubt, daß westliche Denker Teile, Fragmente und Segmente analysieren und daher nicht das Ganze sehen. In der Analyse der Teile gegenüber der Sicht des Ganzen besteht der eigentliche Unterschied zwischen der Physik der vergangenen Jahrhunderte und der heutigen. Jedes Analysieren von Fragmenten macht uns das Ganze unsichtbar. Das Individuum, das in Segmenten verlorengeht, sieht nicht das Ganze, die Gesellschaft, mit der es lebt, die es beeinflußt und von der es wiederum beeinflußt wird. Jeder Mensch hat die Gesellschaft in sich wie ein Hologramm. Er hat das Ganze in sich und trägt immer zum Ganzen bei.

Für mich bedeutet der holistische Zugang zum Kind, alle Aspekte seiner Persönlichkeit als Ganzes zu sehen. Diese verschiedenen Aspekte sollen zu einer fließenden Harmonie gebracht werden, damit das Selbst des Kindes seine Stärken wahrnehmen, seine Schwächen stützen und dadurch seine Fähigkeiten umsetzen kann. Dieses Selbst ist das Hologramm, das alles in sich hat, was erlebt wurde. Es beeinflußt zugleich alles, was jetzt erlebt wird. Bei begabten Kindern ist dies dank ihres wunderbaren Gedächtnisses immer ganz da.

Mit diesem Selbst betritt das begabte Kind eine Domäne, sein Interessengebiet. Was wir ihm an Wissen anbieten, ist nicht nur eine Ansammlung von Tatsachen. Wir versuchen, ihm die Fähigkeit zu vermitteln, durch Fragen und durch unterschiedliche Blickwinkel diese Tatsachen zu sehen, zu reflektieren und zu erleben. So verinnerlicht die Persönlichkeit das „erlebte“ Wissen. Und aus diesem Verständnis (so wie Federn seine Studenten fragte, ob er sich selber verstanden habe) kann sich dann der Erwachsene in seinem Fachgebiet verständlich machen. Er hat sein Gebiet und seine Umwelt in seine Eigenwelt integriert, braucht aber jetzt diese Umwelt im Sinne Csikszentmihalyis (1996), um anerkannt und angenommen zu werden. Dies versuchen wir bereits bei Kindern zu entwickeln, indem wir sie einerseits anleiten, auf andere einzugehen, sie anzuhören, sie zu verstehen, und indem wir sie andererseits die Kunst der Überzeugung lehren.

Das Kind, das nach dem Intelligenztest zu uns kommt, ist noch nicht das „begabte“ Kind. Mit einem gewissen Teil seiner Persönlichkeit ist es den anderen Kindern voraus. Worauf es ankommt, ist, diesen Teil, dies Talent (in unserem Fall: Intelligenz) so herauszufordern, daß nicht allein die Intelligenz, sondern auch alle anderen, z. B. emotionale und soziale, Aspekte der Persönlichkeit angesprochen werden. Indem wir die Dinge durch Fragen aus verschiedenen Blickwinkeln betrachten, wecken wir im Kind Kreativität, entwickeln wir einen kreativen Zugang zu den Dingen, die das Kind in seiner begrenzten Eigenwelt sieht und erlebt.

Der nächste Schritt besteht darin, diesen Zugang intellektuell, emotional und sozial auf das erweiterte Gebiet der Mitwelt des Kindes auszudehnen. So fördern wir eine Begabung, in der sich nicht nur ein eng umrissenes Talent, sondern auch die dazugehörigen emotionalen Aspekte (wie Mut, Abenteuerlust, Flexibilität usw.) und sozialen Aspekte (z. B. die objektive Formulierung subjektiver Einsichten, Gedankenaustausch, Zugehörigkeit usw.) manifestieren.

Mit dem Bewußtsein der Begabung kommt dann auch der Drang, nicht nur zu agieren, sondern es, was immer es auch sei, gut, besser, am besten zu machen. Das ist die herausragende Leistung, die aktualisierte Begabung in der weiteren Umwelt.

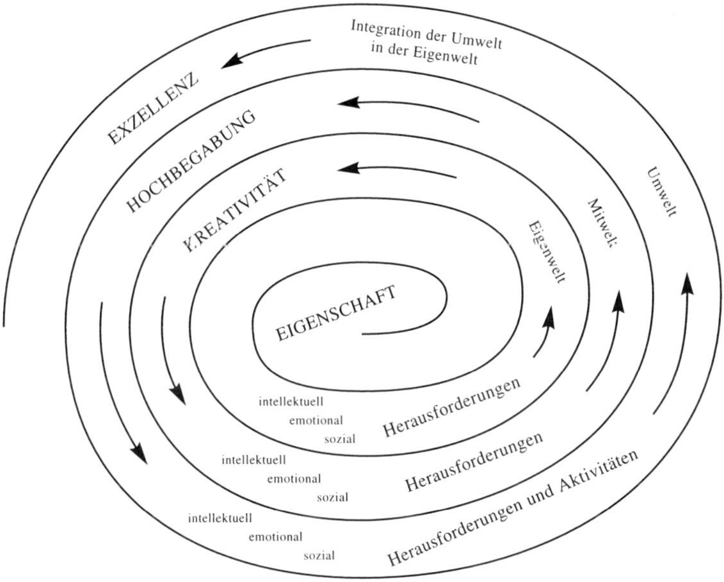

Abbildung 11: Der holistische Zugang zur Begabung

Hochbegabung ist nicht das infantile Streben, alles besser zu wissen oder nicht verlieren zu können, wie wir es bei vielen unserer sehr jungen begabten Kinder beobachten. Vielmehr ist es ein Tun, das aus der ganzen Persönlichkeit kommt, in der die Umwelt in die Eigenwelt integriert ist.

Das ist mein holistischer Zugang zur Begabung: Ein Zugang, der das ursprüngliche Talent, die Intelligenz (welche Art von Intelligenz ist in diesem Zusammenhang nicht wichtig) durch Kreativität, die seelische Reife und den interpersonalen Dialog ergänzt zu einer ganzen, integrierten Persönlichkeit, die ihre Begabung vollständig umsetzen kann. Worauf es ankommt, ist, daß das Selbst alle Aspekte der Persönlichkeit und die äußere Welt im kreativen Prozeß der Entwicklung integriert.

Schlußwort

Was ich den Lesern dieses Buches mitgeben möchte, sind Anregungen, nach Wegen zu suchen, wie sie Kinder auf ihre Zukunft als Erwachsene vorbereiten können. Mir kommt es darauf an, Wissenschaft und Humanismus nicht als streng abgegrenzte Felder zu sehen, denn Disziplinen, Kulturen und die Dimensionen von Raum und Zeit kommen sich in allen Bereichen unseres Lebens immer näher. Die Kinder von heute sollen die aktuellsten Entwicklungen und Möglichkeiten kennenlernen, damit sie den Begriff der „time-motion" (Zeit-Bewegung) verstehen können, der sie für Veränderungen und für neue Sichtweisen vorbereitet, welche die Zukunft bringen wird, die aber auch schon im heutigen Stand der Erkenntnis impliziert sind. Wir, die wir mit den Fähigkeiten der Kinder arbeiten, sollten ihnen die emotionale Sicherheit und die Freiheit zur Erkenntnis mit auf den Weg geben, damit sie den Mut finden, sich als Erwachsene mit ihrer ganzen Person für die Probleme der Zukunft einzusetzen. In einem alten Sprichwort aus der Seefahrt wird das so ausgedrückt: Wir können die Richtung des Windes nicht bestimmen, aber wir können die Segel vorbereiten – wir können die Kinder lehren, kreativ zu sein.

Denn Kreativität bedeutet Wagnis: Alles Neue ist ungewiß, ist nicht konform. Das Individuum bedarf der inneren Freiheit und der Geborgenheit in seiner Umgebung, um aus dem sicheren, vertrauten Kreis in Unbekanntes vorzustoßen. Wenn wir also nicht kreativ sein können, fehlt es uns entweder an Wissen, an innerer Freiheit oder an der Sicherheit der äußeren Verhältnisse. Der Hang zur Konformität: Vielversprechende junge Menschen werden oft zu Durchschnitts-Wissenschaftlern, -Künstlern oder -Menschen, weil sie es nicht wagen, anders zu sein. Gibt es doch kaum Schulen oder Lehrstätten auf der Welt, die nicht Konformität anstreben!

Kreativität bedeutet Kommunikation: Das Individuum ist in

ständigem Kontakt mit der Außen- und Innenwelt. Die Offenheit, mit der es seine Umwelt erlebt, ermöglicht es ihm, die Probleme zu erkennen. Die Beziehung der Umwelt zu seiner Innenwelt ruft Assoziationen mit Gewußtem und Erlebtem hervor, die zu einer Lösung führen. Die neue Einsicht, die zunächst nur subjektiv ist, wird dann in eine objektive, für die Außenwelt verständliche Form übersetzt. Neugier und Wissensdrang öffnen uns gegenüber der Außenwelt. Innere Freiheit stellt das angesammelte Wissen unserer inneren Erlebniswelt zur Verfügung. Das Bewußtsein, ein Teil der Umwelt zu sein, fördert die adäquate Übersetzung der neuen Einsicht. Wenn wir nicht kreativ sein können, fehlt es uns an der Freiheit und den Mitteln, mit unserer Außen- und Innenwelt zu kommunizieren.

Kreativ sein bedeutet, daß es auch Fehlschläge geben kann: Durch Konfrontation unserer inneren Erlebniswelt mit den Problemen der Außenwelt können Konflikte entstehen. Die Versuche, diese Konflikte zu lösen, die Gegensätze zu vereinen, müssen nicht immer gleich gelingen. Dieses Versagen kann dem kreativen Prozeß ein Ende bereiten, wenn man mit allzu viel Ernst an die Dinge herangeht, wenn man sich allzu wichtig nimmt („Warum geschieht gerade *mir* das?“). Ein Fehlschlag kann andererseits auch zum Ausgangspunkt für neue Fragen, andere Wege und neue Einsichten werden. Wissen wir von den vielen fehlgeschlagenen Experimenten des Wissenschaftlers, die der kreativen Erfindung vorausgegangen sind? Kreativität bedeutet: Fragen stellen können. Offene, bedingungslose, zukunftsorientierte Fragen zu stellen, die Gegensätze integrieren, das heißt, kreativen Mut aufzubringen, sich mit dem Leben zu konfrontieren. Das Gegenstück zur kreativen Frage ist die ichbezogene, kausale und deterministische Frage, die voller Selbstmitleid gestellt wird und den kreativen Prozeß hemmt, die Existenz einengt statt sie zu erweitern.

Kreativität ist Humor. Die Fähigkeit, das eigene Versagen, Dinge, vor denen man sich fürchtet, und sich selbst nicht allzu ernst zu nehmen, sie von verschiedenen Seiten betrachten zu können. Trotz Leid und Hilflosigkeit kreativ zu reagieren heißt, die Verhältnisse, die dieses Leid verursachen, humorvoll-aggressiv umzugestalten. Ohne die Flexibilität, die Dinge von verschiedenen Seiten zu sehen, die innere Sicherheit, zurücktreten und wie der Künstler das Detail ins ganze Bild, das Momentane in die Kontinuität der Existenz integrieren zu können, kann sich Kreativität nicht entfalten.

Kreativität ist Spiel. Erproben, experimentieren, aufeinander-beziehen, dem Neuen entgegengehen, begegnen heißt, das Spielerische in sich zu realisieren. Nicht kreativ sein heißt, nur auf sicheren Wegen zu gehen und sich selber tierisch ernst zu nehmen.

Kreativität ist all dies und mehr. Es ist eine allgemeine Einstellung, eine Lebenseinstellung, ein Lebensstil – auch ein Überlebensstil. Denn Kreativität heißt auch, mit Angst leben zu können und trotz der Angst, der Unsicherheit, der Ungeschütztheit und Machtlosigkeit aktiv zu leben und zu lieben, Beziehungen zu „schaffen" trotz des Absurden, der Vergänglichkeit in Zeit und Raum. Beziehungen zu schaffen, schöpferisch zu sein, das ist meine Kreativität. Der Mut, das Wagnis der Begegnung, das Engagement für sie, das ist meine Kreativität, meine Rebellion gegen das Absurde, gegen den Tod.

Kreativität ist auch Spannung, da sie Freiheit und Grenzen umfaßt. Die Spannung zwischen den beiden Extremen ist das Wirkliche, das Form und Sinn Gebende in der Kreativität. Indem ich meine Ordnung, meine Form, meinen Sinn erschaffe, werde ich zum Individuum. Dies ist meine Kreativität, meine Individuation. *Creo ergo sum.*

Literatur

Albert, Robert (1998): The Ur is Human, Roeper Review 21 (1), 78-80

Amabile, T. (1989): Growing up Creative, Crown Publishers, New York

Anastasi, Anne (1976): Psychological Testing. (4th ed.), London, MacMillan.

Barbe, W. (ed.), (1965): Psychology and Education of the Gifted. New York, Appleton-Century Crofts.

Barron, Frank (1969): The Creative Person and the Creative Process. New York, Holt, Rinehart & Winston.

Beilin, Harry (1965): The Utilization of High Level Talent in Lower Socio-economic Groups. In Barbe, W. (ed.), Psychology & Education of the Gifted. New York, Appleton-Century Crofts.

Block, N. J., & Dworking, G. (1976): IQ, Heritability & Inequality. In: IQ Controversy. Block, N. J. & Dworking, G., eds.) Pantheon Books, Random House.

Bloom, B. S., Davis, A., & Hess, R. (1965): Compensatory Education for Cultural Deprivation. New York, Holt, Rinehart & Winston.

Bloom, B. S. (ed.) (1985): Developing Talent in Young People. New York, Ballantine Books.

Bohm, David (1968): On Creativity. U. K. Leonardo, 1.

Bohm, David (1995): Wholeness and the Implicate Order, Routledge, London

Bohm, David (1998): On Creativity, edited by Nichol, Routledge, London

Buber, Martin (1967): Power and Love in a Believing Humanism. New York, Simon & Shuster.

Clark, Barbara (1988): Growing up Gifted. Columbus, Ohio, Charles Merrill.

Csikszentmihalyi, Mihaly (1991) Flow. The Psychology of Optimal Experience. Harper Perennial, New York.

Csikszentmihalyi, Mihaly (1996): Creativity: Flow and the Psychology of Discovery and Invention, Harper Collins Publishers, New York, dt. Übersetzung (1997): Kreativität, Klett-Cotta, Stuttgart

Csikszentmihalyi, Mihaly (1998): Letters from the Field, Roeper Review 21 (1), 80-81

Dator, Jim; Roulstone, M. G. (eds.), (1988): Who cares? And How? Futures of Caring Societies; The IXth World Conference of the World Futures Studies Federation, U.S.A. University of Hawai.

Erikson, E. H. (1971): Identity, Youth and Crisis. Faber & Faber Ltd., London

Feldman, D. H. (1979): The Mysterious Case of Extreme Giftedness. In H. Passow (ed.): The Gifted and the Talented: Yearbook for the National Society for the Study of Education. University of Chicago Press.

Feldman, D. H. (1992): Has there been a Paradigm Shift in the Gifted Educatio? In: Colangelo, N. et. al. (eds.): Talent Development, Trillium Press N. 4, 89-94

Feldman, D. H., Csikszentmihalyi, M., Gardner, M. (1994): Changing the World: A Framework for the Study of Creativity. Praeger, Westport CT.

Feldman, D. H., Benjamin A. C. (1998): Letters from the Field, Roeper Review 21 (1), 82-84

Feldman, D. H. & Goldsmith, L. T. (1986): Nature's Gambit: Child Prodigies and the Development of Human Potential. New York, Basic Books.

Freeman, Joan (ed.) (1985): The Psychology of Gifted Children. U. K., Wiley.

Freeman, Joan (1998): Educating the Very Able, Current Int. Research. Ofsted, U. K.

Gallagher, J. J. (1985): Teaching the Gifted Child. (3rd ed.), Boston, Allyn & Bacon.

Galton, F. (1869): Hereditary Genius, London, MacMillan.

Gardner, Howard (1983): Frames of Mind, the Theory of Multiple Intelligences, Basic Books N.4, dt. (1991): Abschied vom I.Q.: Rahmen-Theorie der vielfältigen Intelligenzen, Klett-Cotta, Stuttgart

Gardner, Howard (1993): Creating Minds, Basic Books N.4, dt. (1996): So genial wie Einstein. Schlüssel zum kreativen Denken, Klett-Cotta, Stuttgart

Getzels, J. W. & Jackson, P. W. (1962): Creativity and Intelligence. New York, Wiley.

Getzels, J. W. (1981) Problem Finding and the Nature and Nurture of Giftedness. In Kramer, A. H. (ed.): Gifted Children, Challenging their Potential. New York, Trillium Press.

Goertzel,S.; Goertzel, M. G., Goertzel, T. G. (1978): Three Hundred Eminent Personalities, Jossey-Bass, San Francisco

Guilford, J. P. (1950): Creativity. Amer. Psychologist 5.

Guilford, J. P. (1957): Creative Abilities in the Arts, Psych. Rev. 64, 110-118

Guilford, J. P. (1959): Traits of Creativity. In: Anderson, H. (ed.) Creativity and its Cultivation. Harper, New York, 142-161

Guilford, J. P. (1967): The Nature of Human Intelligence. New York, McGraw-Hill.

Hollingworth, L. (1942): Children Above 180 IQ. New York, World Book.

Inamorato, Gino (1998): Creativity in the Development of Scientific Giftedness: Educational Implications, Roeper Review 21 (1), 54-58

Jarecky, R. K. (1965): Identification of the Socially Gifted. In Barbe, W. (ed.): Psychology & Education of the Gifted. New York, Appleton-Century-Crofts.

Kirk, S. A. (1972): Educating Exceptional Children. Boston, Houghton Mifflin.

Koestler, Arthur (1964): The Act of Creation. New York, MacMillan.

Landau, Erika (1973): The Creative Approach to Psychotherapy. American Journal Psychotherapy, 27.

Landau, Erika (1976): Children Ask Questions about the Future. U. K. Futures, 8, IPC Science & Technology Press.

Landau, Erika (1979): The Young Persons' Institute for the Promotion of Art & Science, Tel-Aviv. In Gallagher, J. (ed.): Gifted Children Reaching their Potential. Jerusalem, Kollek.

Landau, Erika (1981): The Profile of the Gifted Child. In Kramer, A. (ed.): Challenging their Potential. New Perspectives and Alternatives. New York, Trillium Press.

Landau, Erika (1984): Kreatives Erleben. München/Basel, Ernst Reinhardt Verlag.

Landau, Erika (1985): Creative Questioning for the Future. In Freeman, J. (ed.): The Psychology of Gifted Children. New York, Wiley.

Landau, Erika (1998a): The Relation between Emotional Maturity, Intelligence and Creativity in Gifted Children. In: Gifted Education International 13, 10-15

Landau, Erika (1998b): The Self „ The Global Factor of Emotional Maturity, in the special Issue on Perspectives of the Self of the Gifted, Roeper Review 20.3

Landau, Erika & Weissler, K. (1993a): Parental Environment in Families with Gifted and Non Gifted Children. In: Journal of Psychology 127.2, U. S. A. 129-142

Landau, Erika & Weissler, K. (1993b): Characteristics of Families with NO, ONE or more than ONE Gifted Child. In: Journal of Psychology 127.2, 143-152

Lorenz, Konrad (1966): On Aggression. New York, Harcourt, Brace, Javonovich.

Maslow, A. H. (1966): The Psychology of Science: A Reconnaissance. New York, Harper & Row.

Marland, S. P. (1972): Education of the Gifted and Talented. Vol. 1. Report to the Congress of the United States by the U.S. Commissioner of Education. Washington, DC: USGPO.

Miller, A. J. (1998): The Gift of Creativity, Roeper Review 21 (1), U S A

Newland, T. E. (1955): Essential Research Directions on the Gifted. Exceptional Children, 21.

Parnes, S. J. (1964): Research on Developing Creative Behaviour. In: Taylor, C. (ed.): Widening Horizons in Creativity. Wiley, New York

Passow, A. H., Goldberg, M. L., Tannenbaum, A. J., and French, W. (1955): Planning for Talented Youth. New York, Teachers College Press.

Passow, A. H. (1985): The Gifted Child as Exceptional. In Freeman, J. (ed.): The Psychology of Gifted Children. New York, Wiley.

Passow, A. H. (1986): Reflections on Three Decades of Education of the Gifted. Roeper Review, 8 (4).

Passow, A. H. (1988): Educating Gifted Persons who are Caring and Concerned. Roeper Review, 11 (1).

Piaget, Jean (1951): The Psychology of Intelligence. London, Routledge.

Popper, Karl (1968): The Self and its Brain, Praeger, New York

Renzulli, J. S. (1986): The Three Ring Conception of Giftedness: a Developmental Model for Creative Productivity. In Sternberg, R. J. & Davidson, J. E.: Conceptions of Giftedness. New York, Cambridge University Press.

Roeper, Annemarie (1990): Educating Children for Life, Trillium Press, N. 1.

Sacks, Oliver (1995): An Anthropologist on Mars, Picador, U. K.

Salovey, P. & Mayer, J. D. (1990): Emotional Intelligence. In: Imagination, Cognition and Personality 9, U. S. A.

Silverman, L. K. (1986): What Happens to the Gifted Girl? In: Maker, C. J. (ed): Critical Issues in Gifted Education 1, Asper, Rockvill, MD.

Simonton, D. K. (1990): Psychology, Science and History: An Introduction to Historiometry, Yale University Press, New York CT.

Simonton, D. K. (1998): Letters from the Field, Roeper Review 21 (1), 86-87

Sisk, Dorothy (1987): Creative Teaching of the Gifted. New York, McGraw-Hill.

Sisk, Dorothy & Rosselli, Hilda (1987): Leadership – a special type of giftedness. New York, Trillium Press.

Stein, M. I., (1987): Gifted, Talented and Creative Young Peopie. A Guide to Theory, Teaching and Research. New York, Garland.

Sternberg, R. J. & Davidson, J. E. (1986): Conceptions of Giftedness. New York, Cambridge University Press.

Stogdill, R. (1974): Handbook of Leadership. New York, Free Press.

Storr, A. (1988): Solitude, Free Press, New York

Subotnik, R. F. (1993a): Talent Developed: Conversations with Masters of the Arts & Sciences. In: Journal for the Education of the Gifted 16 (3)

Subotnik, R. F. (1993b): Adult Manifestations of the Adolescent Talent in Science, Roeper Review 15 (3), 164-169

Tannenbaum, A. J. (1983): Gifted Children: Psychological and Educational Perspectives. New York, MacMillan.

Terman, L. M. (ed.) (1925): Mental and Physical Traits of a Thousand Gifted Children. Genetic Studies of Genius, Vol. 1. Stanford University Press.

Toynbee, Arnold (1964): Is America Neglecting her Creative Minority? In (Taylor, C., ed.): Widening Horizons in Creativity, New York, Scribner.

Wallace, Amy (1986): The Prodigy. New York, Dutton.

Wallace, Belle (1983): Teaching the Very Able Child. London, Ward Lock Educational.

Weber, Max (1963): Basic Concepts in Sociology. (2nd ed.). New York, Citadel Press.

Weber, Max (1968): On Charisma and Institution Building. University of Chicago Press.

Weisberg, R. W. (1986): Creativity. Genius and Other Myths. New York, Freeman Press.

Whitmore, J. R. (1980): Giftedness, Conflict and Underachievement. Boston, Allyn & Bacon.

Wiener, Norbert (1953): Ex-prodigy: My Childhood and Youth. Cambridge, MA, MIT Press.

Winner, Ellen (1996): Gifted Children, Myths and Realities, Basic Books N. 1 (dt. 1998, Hochbegabt, Mythen und Realitäten von außerordentlichen Kindern, Klett-Cotta, Stuttgart).

Winnicott, D. W. (1974): Playing and Reality. London, Pelican Books.

Stichwort- und Namenverzeichnis

»Kinder sind Kinder«

Diese Buchreihe bietet Rat und Informationen all denen, die täglich mit Kindern zu tun haben. Die handlichen Taschenbücher stellen aktuelle Themen aus dem Alltag mit Kindern dar und helfen, Probleme richtig zu erkennen oder ihren Anfängen entgegenzuwirken.

Alfred Zuckrigl
1 **Linkshändige Kinder in Familie und Schule**
5., ergänzte Auflage 1995. 96 Seiten (3-497-01370-6)

Erwin Richter, Walburga Brügge, Katharina Mohs
2 **Wenn ein Kind anfängt zu stottern**
Ratgeber für Eltern und Erzieher
3., neubearbeitete Auflage 1998. 75 Seiten (3-497-01450-8)

Gertraud Kietz
4 **Kinder erleben und verstehen**
1982. 112 Seiten (3-497-00987-3)

Heinrich Kratzmeier
5 **Schule – unheimlich wichtig**
1982. 80 Seiten (3-497-00988-1)

Beate Lohmann
6 **Müssen Legastheniker Schulversager sein?**
3., aktualisierte Auflage 1997. 109 Seiten (3-497-01422-2)

Ernst J. Kiphard
7 **Unser Kind ist ungeschickt**
Hilfen für das bewegungsauffällige Kind
4., aktualisierte Auflage 1996. 83 Seiten (3-497-01404-4)

8 Heinz-Lothar Worm
Fünf Fragen an den Elternberater
Zählenlernen, Farbenkennen, Geschwisterverhalten, Bettnässen, Straßenverkehr
1984. 66 Seiten (3-497-01059-6)

Erwin, Richter, Walburga Brügge, Katharina Mohs
9 **So lernen Kinder sprechen**
Die normale und die gestörte Sprachentwicklung
3., neubearbeitete Auflage 1997. 94 Seiten (3-497-01424-9)

Francis X. Walton, Robert L. Powers
10 **Vertrauen und Verantwortung zwischen Kindern und Erwachsenen**
1984. 77 Seiten (3-497-01075-8)

Manfred Berger
11 **Der Übergang von der Familie zum Kindergarten**
Anregungen zur Gestaltung der Aufnahme in den Kindergarten
2., neubearbeitete Auflage 1997. 107 Seiten (3-497-01428-1)

Andreas Mehringer
12 **Eine kleine Heilpädagogik**
Vom Umgang mit schwierigen Kindern
10. Auflage 1998 (40. Tsd.). 98 Seiten (3-497-01463-X)

Thomas Lang
13 **Kinder brauchen Abenteuer**
2., ergänzte Auflage 1995. 80 Seiten (3-497-01369-2)

Franz J. Mönks, Irene H. Ypenburg
14 **Unser Kind ist hochbegabt**
Ein Leitfaden für Eltern und Lehrer
2., aktualisierte Auflage 1998. 89 Seiten (3-497-01461-3)

Karl E. Dambach
15 **Mobbing in der Schulklasse**
1998. 100 Seiten. (3-497-01472-9)

Ernst Reinhardt Verlag München Basel

Horst Nickel/Ulrich Schmidt-Denter

Vom Kleinkind zum Schulkind

Eine entwicklungspsychologische Einführung
für Erzieher, Lehrer und Eltern

5., überarbeitete und ergänzte Auflage 1995. 277 Seiten. 28 Abb. (3-497-01378-1) kt

Auf der Grundlage gesicherter wissenschaftlicher Erkenntnisse geben die Autoren einen allgemeinverständlichen Überblick über die Altersspanne von drei bis acht Jahren. Neu berücksichtigt wurden u.a.: neue Forschungsergebnisse zu Psychomotorik, Spielen, Kreativität, psychosexueller Entwicklung, elektronischen Medien sowie veränderte familiäre Bedingungen (z.B. Scheidungskinder) und veränderte Gesetzgebung bei Einschulung, Regelversetzung und Schulfähigkeit.

Ulrich Schmidt-Denter/Wolfgang Manz (Hrsg.)

Entwicklung und Erziehung im öko-psychologischen Kontext

1991. 160 Seiten. (3-497-01215-7) kt

„Im Unterschied zu manch anderen Büchern macht der Titel dieses Bandes den inneren thematischen Zusammenhalt seiner Beiträge kurz und prägnant deutlich. Die von namhaften Wissenschaftlern verfaßten Aufsätze betrachten die Prozesse von Entwicklung und Erziehung als Teilaspekte eines komplexen Beziehungsgefüges, das die direkte Lebensumwelt des Menschen einschließt. Das Buch ist von besonderem Interesse für Lehrende und Studierende der Pädagogik und Psychologie, für (Hochbegabten-)Berater, für Lehrer und für pädagogisch-psychologisch interessierte Eltern." Labyrinth

Ernst Reinhardt Verlag München Basel

Marianne Frostig

Bewegungserziehung

Neue Wege der Heilpädagogik

Beiträge zur Kinderpsychotherapie, Band 16
6., neugestaltete Auflage 1999. 246 Seiten. (3-497-01515-6) gb

Das Buch vermittelt Grundwissen zur kritischen Beurteilung von verschiedenen Praktiken und Theorien der Körpererziehung. Viele Beispiele zur praktischen Anwendung bei Vorschulkindern und Schulkindern machen diesen Klassiker nicht nur für Sport- und Sonderschullehrer interessant, sondern für alle Pädagogen, die mit Bewegungserziehung zu tun haben.

Virginia M. Axline

Kinder-Spieltherapie im nicht-direktiven Verfahren

Beiträge zur Kinderpsychotherapie, Band 11
9., neugest. Aufl. 1997. 344 Seiten. (3-497-01434-6) gb

„Dieses Buch richtet sich namentlich an Eltern, Erzieher und Lehrer. Ich würde den Adressatenkreis auf alle Berufsgruppen erweitern, die pädagogisch-therapeutisch mit Kindern arbeiten. Eine gelungene Gliederung macht das Buch übersichtlich und gut lesbar. Das echte Interesse am Kind und die Achtung vor ihm, indem man ihm zutraut, die Verantwortung für sich selbst zu übernehmen, ohne Abhängigkeiten zu schaffen, ist ein unmißverständliches Anliegen des Buches."

Forum Logopädie

Ernst Reinhardt Verlag München Basel

Manfred Endres/Gerd Biermann (Hrsg.)

Traumatisierung in Kindheit und Jugend

Beiträge zur Kinderpsychotherapie, Band 32
1998. 260 Seiten. 5 Abb. (3-497-01471-0) gb

Kinder sind besonders verletzlich: Schrecklichen Erlebnissen haben sie noch wenig entgegenzusetzen. Seelische Verletzungen können die Entwicklung des Kindes behindern, ja zusammenbrechen lassen, können aber auch entwicklungsfördernde Impulse wachrufen.

Heute wird zur Traumatisierung im Kindesalter vor allem sexueller Mißbrauch assoziiert. Dieses Buch greift jedoch eine Vielfalt von weiteren Aspekten auf: den Verlust von Bezugspersonen durch Tod oder Scheidung; schwere Erkrankungen im Kindesalter; Kriegsereignisse, Flucht, Vertreibung; politische Verfolgung und Fremdenfeindlichkeit.

Weitere Titel der Reihe »Beiträge zur Kinderpsychotherapie«

Bowlby, John:
Mutterliebe und kindliche Entwicklung
3. Aufl. 1995. 218 S. (3-497-01366-8) gb

Kramer, Edith:
Kunst als Therapie mit Kindern
4., erg. Aufl. 1997. 211 S. 66 teils farb. Abb. (3-497-01405-2) gb

Winnicott, Donald W.
Kind, Familie und Umwelt
5. Aufl. 1992. 234 Seiten. (3-497-00944-X) gb

Wintsch, Hanna.
Gelebte Kindertherapie
Kinder- und Jugendpsychotherapeuten des 20. Jahrhunderts im Gespräch
1998. 303 Seiten. 12 Photos (3-497-01456-7) gb

Ernst Reinhardt Verlag München Basel